教育数字化赋能
教师专业发展研究

周翔　著

WUHAN UNIVERSITY PRESS
武汉大学出版社

图书在版编目（CIP）数据

教育数字化赋能教师专业发展研究／周翔著 . -- 武汉 ：武汉大学
出版社,2025.4（2025.10 重印）. -- ISBN 978-7-307-24890-8

Ⅰ. G434

中国国家版本馆 CIP 数据核字第 2025FB1198 号

责任编辑:田红恩　　　责任校对:鄢春梅　　　版式设计:马　佳

出版发行：**武汉大学出版社**　　（430072　武昌　珞珈山）

（电子邮箱：cbs22@ whu.edu.cn　网址：www.wdp. com.cn）

印刷:武汉邮科印务有限公司

开本:720×1000　　1/16　　印张:11.75　　字数:188 千字　　插页:1

版次:2025 年 4 月第 1 版　　2025 年 10 月第 2 次印刷

ISBN 978-7-307-24890-8　　定价:58. 00 元

前　　言

党的二十大首次将"教育数字化"写进报告，提出"推进教育数字化，建设全民终身学习的学习型社会、学习型大国"，为新时代新征程进一步发展教育数字化指明了方向。为深入贯彻落实党的二十大精神，扎实推进国家教育数字化战略行动，完善教育信息化标准体系，提升教师利用数字技术优化、创新和变革教育教学活动的意识、能力和责任感，教育部研究制定了《教师数字素养》标准。教育数字化已成为我国建设高质量教育体系和培养高质量人才的重要基础。高等教育数字化以现代信息网络为主要载体，以信息通信技术融合应用和全要素数字化转型为重要驱动力，促进教师专业发展的新形态伴随着互联网、大数据、云计算、人工智能、区块链等新兴技术的发展和成熟，不仅催生了以数字和数据为教育核心竞争力的新业态和新模式的出现，也全面重塑了教育发展的格局。本书基于新时代教育数字化转型背景，研究信息技术为教师专业发展提供的环境、方法、手段、方式与途径，信息技术应用对教师的知识结构、能力体系以及教学观念等方面提出的新要求，以及对教师专业发展理念、组织形式等方面产生的深刻影响，教育数字化赋能教师群体发展的支撑性力量，以引领数字化学习为核心，找准专业发展的着力点，主动适应新变化，探索教育教学新思路，提升教书育人本领，建构指向专业发展的新赛道、新动能、新形态。

全书分为五章。第一章综合阐述了教师专业发展的历史沿革、基本理论和数字化转型现状，强调信息技术应用对教师专业发展理念和教学组织形式等方面的深刻影响。第二章从立德树人、数字智慧和超越技术三个层面阐述数字化赋能教师专业发展的时代价值、基本要素和创新能力。第三章从交叉融合、均衡配置和数智互联三个层面阐述数字化赋能教师专业发展的学科架构、资源共享和云端平台。第四章从知行合一、智慧多元和精准科学三个层面阐述数字化赋能教师专业发展的教学模式、教学方法和教学管理。第五章从泛在学习、智慧学习和跨界学习三个层面阐述数字化赋能教师专业发展的学习场景、边界拓展和成长空间。作者根据自己的数字化教学实践，在每一章都配置了教师专业发展的数字化教学案例，包括"免疫学基础"线上线下混合式教学模式、课程思政教学案例、在线开放课程、虚拟仿真实验教学模式和社会实践教育教学模式。

本书从多个方面探讨了教师在数字化转型过程中的专业发展问题，它可以帮助教师更好地理解和应对数字化转型带来的变化，提升自身的专业素养和教学能力，为培养更多优秀人才作出贡献；也可为广大教师提供宝贵的参考和指导，有助于他们更好地应对数字化转型带来的挑战和机遇，实现自身的专业成长和发展。

本书是湖北省教育科学规划重点项目"基于人工智能新技术集群驱动的高校教育形态变革研究(2020GA026)"成果，湖北省高等学校省级教学改革研究项目"基于产学研用协同创新的生物医学专业新工科人才培养体系重构与实践(2022227)"成果之一。

周　翔

2024 年 5 月 4 日

目　　录

第一章　历史・理论・转型 ……………………………………………… 1

第一节　教师专业发展的历史沿革 ………………………………… 2

一、教师专业发展的历史沿革 …………………………………… 2

二、教师专业发展的重要阶段与特点 …………………………… 3

三、中国教师专业发展的职业体系与模式 ……………………… 4

第二节　教师专业发展的基本理论 ………………………………… 5

一、成人学习理论 ………………………………………………… 5

二、反思实践理论 ………………………………………………… 7

三、社会认知理论 ………………………………………………… 8

四、教师身份建构理论 …………………………………………… 9

五、学习社区理论 ………………………………………………… 10

六、可持续发展理论 ……………………………………………… 11

第三节　教师专业发展的数字化转型 ……………………………… 12

一、数字化转型的背景与现状 …………………………………… 13

二、世界各国教育数字化转型与启示 …………………………… 15

三、中国教师数字素养的标准与发展 …………………………… 20

第四节　教师专业发展的数字化教学案例一

——"免疫学基础"线上线下混合式教学模式 ………… 25

一、课程目标 ……………………………………………………… 27

二、课程内容 ……………………………………………………… 28

三、课程建设 ……………………………………………………… 29

四、课程特色与创新 ……………………………………………… 30

五、课程实施 ……………………………………………… 35

六、建设成效 ……………………………………………… 36

第二章　价值·要素·能力 ………………………………… 41

第一节　立德树人：数字化赋能教师专业发展的时代价值 …… 42

一、数字教育赋能立德树人的逻辑理路 …………………… 42

二、数字教育赋能立德树人的价值意蕴 …………………… 44

三、数字教育赋能立德树人的创新通道 …………………… 45

第二节　数字智慧：数字化赋能教师专业发展的基本要素 …… 47

一、整合数字智慧的优化改革布局 ………………………… 47

二、实现数字智慧的在线技术要素 ………………………… 48

三、共享数字智慧的协同发展要素 ………………………… 50

第三节　超越技术：数字化赋能教师专业发展的创新能力 …… 53

一、数字化赋能教师专业发展的创新策略 ………………… 54

二、数字化赋能教师专业发展的创新路径 ………………… 55

三、数字化赋能教师专业发展的创新能力 ………………… 56

第四节　教师专业发展的数字化教学案例二

　　　　——"免疫学基础"课程思政教学案例 …………… 59

一、课程和案例的基本情况 ………………………………… 60

二、案例蕴含的思政元素分析 ……………………………… 62

三、案例教学整体设计 ……………………………………… 63

第三章　架构·资源·平台 ………………………………… 73

第一节　交叉融合：数字化赋能教师专业发展的学科架构 …… 74

一、交叉学科的理论架构与时代进程 ……………………… 74

二、交叉学科的跨界融合与应用场景 ……………………… 77

三、交叉学科背景下教师数字化转型与专业发展 ………… 79

第二节　均衡配置：数字化赋能教师专业发展的资源共享 …… 81

一、数字化资源的智能技术与教育优势 …………………… 82

二、数字化资源的均衡配置与教育公平 …………………… 83

三、数字化赋能教师专业发展的资源共享 ⋯⋯⋯⋯⋯⋯⋯⋯⋯⋯ 85

第三节 数智互联：数字化赋能教师专业发展的云端平台 ⋯⋯⋯⋯ 87

一、云端平台的教育生态与数智互联 ⋯⋯⋯⋯⋯⋯⋯⋯⋯⋯⋯ 87

二、数字化赋能教师专业发展的云端平台 ⋯⋯⋯⋯⋯⋯⋯⋯⋯ 89

三、数字化赋能教师专业发展云端平台的迭代升维 ⋯⋯⋯⋯⋯ 91

第四节 教师专业发展的数字化教学案例三

　　　——"免疫学基础"在线开放课程 94

一、课程简介 ⋯⋯⋯⋯⋯⋯⋯⋯⋯⋯⋯⋯⋯⋯⋯⋯⋯⋯⋯⋯⋯ 96

二、课程设计及实施 ⋯⋯⋯⋯⋯⋯⋯⋯⋯⋯⋯⋯⋯⋯⋯⋯⋯⋯ 97

三、课程评价 ⋯⋯⋯⋯⋯⋯⋯⋯⋯⋯⋯⋯⋯⋯⋯⋯⋯⋯⋯⋯ 105

四、课程建设特色 ⋯⋯⋯⋯⋯⋯⋯⋯⋯⋯⋯⋯⋯⋯⋯⋯⋯⋯ 106

五、课程建设总结及规划 ⋯⋯⋯⋯⋯⋯⋯⋯⋯⋯⋯⋯⋯⋯⋯ 106

第四章 模式·方法·管理 ⋯⋯⋯⋯⋯⋯⋯⋯⋯⋯⋯⋯⋯⋯⋯⋯⋯ 109

第一节 知行合一：数字化赋能教师专业发展的教学模式 ⋯⋯⋯ 110

一、"知行合一"理念与数字化教育的融合 ⋯⋯⋯⋯⋯⋯⋯⋯ 110

二、数字化赋能教师专业发展的教学模式 ⋯⋯⋯⋯⋯⋯⋯⋯ 112

三、数字化教学模式赋能教师专业发展新生态 ⋯⋯⋯⋯⋯⋯ 115

第二节 智慧多元：数字化赋能教师专业发展的教学方法 ⋯⋯⋯ 118

一、数字化教学方法赋能教师发展的智慧内涵 ⋯⋯⋯⋯⋯⋯ 119

二、数字化教学方法的多元应用场景 ⋯⋯⋯⋯⋯⋯⋯⋯⋯⋯ 121

三、数字化教学方法赋能教师专业发展的数字支撑体系 ⋯⋯ 124

第三节 精准科学：数字化赋能教师专业发展的教学管理 ⋯⋯⋯ 126

一、数据驱动的模块化课程资源集群 ⋯⋯⋯⋯⋯⋯⋯⋯⋯⋯ 126

二、数据融合的多模态智慧课堂教学 ⋯⋯⋯⋯⋯⋯⋯⋯⋯⋯ 129

三、精准科学的全过程多元评价体系 ⋯⋯⋯⋯⋯⋯⋯⋯⋯⋯ 131

第四节 教师专业发展的数字化教学案例四

　　　——"免疫学基础"虚拟仿真实验教学模式 ⋯⋯⋯⋯⋯⋯ 134

一、虚拟仿真教学设计和流程 ⋯⋯⋯⋯⋯⋯⋯⋯⋯⋯⋯⋯⋯ 136

二、虚拟仿真实验教学模式的创新 ⋯⋯⋯⋯⋯⋯⋯⋯⋯⋯⋯ 140

第五章　场景·环境·空间 ·························· 143

第一节　泛在学习：数字化赋能教师专业发展的学习场景 ·········· 144

一、泛在学习的多维发展态势与教师数字化素养 ·········· 144

二、泛在教育环境下教师专业发展的角色转变 ·········· 146

三、数字化赋能教师专业发展的泛在教育应用场景 ·········· 147

第二节　智慧学习：数字化赋能教师专业发展的生态环境 ·········· 150

一、突破时空局限的智慧学习生态环境 ·········· 150

二、打造融合共生的智慧学习数字技术 ·········· 152

三、促进知识创造的智慧学习交互空间 ·········· 154

第三节　跨界学习：数字化赋能教师专业发展的成长空间 ·········· 156

一、数字化赋能教师专业发展的科研范式 ·········· 156

二、数字化赋能教师专业发展的社交网络 ·········· 158

三、数字化赋能教师专业发展的国际视野 ·········· 161

第四节　教师专业发展的数字化教学案例五
　　　　——"免疫学基础"社会实践教育教学模式 ·········· 163

一、创业团队基本情况 ·········· 165

二、创业项目的设计及执行方案 ·········· 170

三、项目参赛情况 ·········· 175

四、项目指导反思 ·········· 176

第一章　历史·理论·转型

百年大计，教育为本。教育大计，教师为本。教师是推动教育事业发展的灵魂和核心力量，教师专业发展是教育事业不可或缺的组成部分，是不断完善和提高教育质量的关键。教师专业发展能提升教师的素质和能力，而教师的素质决定着他们的态度、思维和行为，教师的专业能力决定着教学水平和教学效果。

本章分为三部分。第一部分从历史的视角，对教师专业发展的变迁进行考察。从东西方教师专业发展的各个基本组成部分的变迁历程着手，结合全面与局部的教师专业发展一般概况，综合运用文献研究法、历史研究法以及比较研究法等，发现变迁过程中教师专业发展的路径选择，阐释教师专业发展嬗变的启示，从而为 21 世纪教育数字化赋能教师专业发展作出历史性的合理解读。第二部分依据中西方高校教师专业发展在文化、教育观念以及社会环境的影响下呈现出的多样性，研究高校教师专业发展的基本理论为教育界提供的指导和支持，以及教师专业发展过程中的思维创新和意识进步，探讨中西方教师专业发展理论反映的各自教育理念演变，教育技术兴起催生的"科技融合教学"等新理念，论述中西方教育相互借鉴，共同推动高校教师的专业发展，以培养具有全球视野和创新能力人才的路径。第三部分基于全球教育数字化转型背景，研究信息技术为教师专业发展提供的环境、方法、手段、方式与途径，信息技术应用对教师的知识结构、能力体系以及教学观念等方面提出的新要求，以及对教师专业发展理念、组织形式等方面产生的深刻影响，教育数字化赋能教师群体发展的支撑性力量，以引领数字化学习为核心，找准专业发展的着力点，主动适应新变化，探索教育教学新思路，提升教书育人本领，建构指向专业发展的新赛道、新动能、新形态。

第一节　教师专业发展的历史沿革

教师专业发展指教师在整个专业生涯中，依托专业组织，通过终身专业训练，习得教育专业知识技能，实施专业自主，表现专业道德，并逐步提高自身从教素质，成为一位良好的教育专业工作者的专业成长过程。

一、教师专业发展的历史沿革

教师专业发展经历了一系列的历史变革和演进。人类的早期教育主要由师傅传授，师徒制度是教育的主要形式。教师专业发展依赖于传统的师徒传承，教师通过不断地学习和实践来提升自己的教育水平。这一阶段，教师专业发展主要是基于个人经验和个别指导，缺乏系统性和规范性。随着现代教育体系的建立，高校教师专业发展进入了一个新的阶段。

19世纪末20世纪初，世界范围内高等教育迅速发展，对教师的素质提出了更高的要求。这一时期，教师专业发展开始受到更多关注，师范学校的设立使得教育专业化和体系化成为可能。教师开始接受系统的师范培训，教育理论和教学方法得到了更加系统的研究和传播。

20世纪中叶至20世纪末，教师专业发展进一步深化和专业化。随着学科体系的不断完善，不同学科领域的教师开始接受更为专业化的培训和发展。教育学和心理学等领域的发展，为教师提供了更多关于教学和学生发展的科学依据，促进了教师专业知识的积累。

进入21世纪，教育技术的崛起为教师的教学方法和手段带来了革命性的变化，互联网的普及使得教师能够更加方便地获取教育资源和研究成果，同时也催生了在线教育和远程培训的模式，促使教师需要不断学习和适应新的教学技能。一方面，世界范围内高等教育的国际化和全球化趋势，日益影响高校教师的专业发展，教师们需要更加关注国际学术前沿和跨文化交流，拓展自己的国际视野和专业网络，参与国际合作项目和交流活动；另一方面，高校教师的专业发展正呈现出跨学科的特点，各学科之间的交叉合作越来越普遍。教师们需要具备更广泛的知识面和跨学科思维能力，以应对复杂多变的社会问题。此外，终身学习理念的普及也促使教师在职业生涯的各个阶段都持续进行专业发展，不断更新知识和提升能力。

随着社会的不断变化和教育的不断发展，高校教师专业发展经历了从个人经验到系统培训、从学科发展到教育技术的演进过程。不同历史阶段的变革恪守以人为本的价值理念，以现代大学教师培养制度为主体、以教师专业化为核心的教师教育模式，持续推动着教师专业发展的深化和创新。

二、教师专业发展的重要阶段与特点

高校教师专业发展经历了漫长而丰富多彩的历史，从中可以窥见教育理念的演变、学术体系的建立以及教育专业的成熟。

中世纪早期，西方教育主要由教会控制，高校多为教会学院，主要培养神职人员。教师的身份与神职密不可分，教学内容以神学、哲学为主。这个时期的教师专业发展更多侧重于传授教会教义，鲜有独立的学术研究。教师培训也以传统方式为主，师徒相传，缺乏系统性的教育学知识。

文艺复兴时期，人文主义思想兴起，强调人的个体价值和知识的重要性。高校教育逐渐从教会的束缚中解脱出来，学术研究成为教师发展的重要方向。教师开始注重学科知识和学术方法的传授，而非单纯的宗教信仰。大学教育开始涵盖更广泛的领域，师生关系也更趋向于平等和开放。

18 世纪的启蒙运动时代，教育改革推动了教师专业发展的进一步演变。教育思想家如康德、洛克强调培养个体的理性和批判思维，教育不再仅仅传授知识，更加注重培养学生的能力。教育学作为一门独立的学科逐渐形成，教师培训开始系统化，教育学原理得以广泛传播。

19 世纪，西方现代高等教育逐渐确立了研究与教学并重的模式。教师不仅要具备扎实的学科知识，还需要积极参与学术研究。研究成果的贡献成为评价教师水平的重要标准之一。大学开始建立起严格的聘任制度，教师的专业发展路径更加明确。

20 世纪，随着教育体制的不断完善和社会需求的变化，教师专业发展进入了一个新的阶段。教育学研究逐渐细分为课程设计、教学评估、教育心理学等领域，教育技术也得到广泛应用。教师培训体系进一步健全，教育硕士、博士等专业学位得以设立，培养更专业化的教育人才。

进入 21 世纪，全球化和信息技术的迅猛发展带来了新的挑战和机遇。西方教师专业发展不再局限于国内，国际化的交流与合作变得日益重要。教育理念也更加多元，个性化教育、跨学科教学等新概念涌现。教师不仅需要适应新的教学方式，还要具备跨文化沟通的能力。

高校教师专业发展的历史沿革表现出从教会控制到学术自由、从知识传授到能力培养、从师徒传承到系统培训的演变。在这一过程中，教师的身份逐渐从神职者转变为专业教育工作者，专业知识和研究能力逐步成为评价教师的重要标准。

三、中国教师专业发展的职业体系与模式

中国高校教师专业发展的历史沿革可以追溯到古代的儒家教育传统。古代中国的教育以儒家思想为主导，注重培养人的品德和道德修养，因此教师的角色更多的是道德楷模和知识传承者。随着时间的推移，特别是近代以来，中国高校教师专业发展经历了一系列的变革和创新，逐步形成了现代高校教师的培养体系和职业模式。

19 世纪末 20 世纪初，中国逐渐开始接触西方的现代教育理念和制度，这对中国高校教师专业发展产生了深远的影响。清末的洋务运动和 20 世纪初的新文化运动推动了教育改革，使得教育逐渐走向现代化，推出了一系列的教育改革政策，高校教师的培养开始系统化，建立了最早的师范学校和大学。

1949 年中华人民共和国成立后，高校教师专业发展迎来了一个新的历史阶段。高校教育逐步实现了从精英教育向大众教育的转变，全国高校实行了院系调整和大规模的高校教师培训，为中国高校教师专业发展奠定了基础。

20 世纪 80 年代以来，中国高校教师专业发展进入了一个新的阶段。中国开始实施大规模的高等教育体制改革，注重教学与科研相结合。教育部推出了一系列教师教育改革和发展工程，旨在提高高校教师的教育水平和教育质量。中国高校逐步实施"卓越计划"和"双一流"建设，要求高校教师在学术研究和教学中取得更高水平的成就。中国高校教师专业发展在信息技术的推动下取得了新的进展。数字化技术为教学和研究提供了更多可能性，线上教育和开放教育模式逐渐

兴起。同时，全球化也使得国际交流与合作成为高校教师发展的重要方向之一。

进入新时代，中国高校教师专业发展要以习近平新时代中国特色社会主义思想为指导，落实立德树人根本任务，聚焦高校内涵式发展，以强化高校教师思想政治素质和师德师风建设为首要责任，以提高教师专业素质能力为核心任务，遵循教育规律和教师成长发展规律，培养一批有理想信念、有道德情操、有扎实学识、有仁爱之心的"四有"好老师，建设一支政治素质过硬、业务能力精湛、育人水平高超的高素质专业化创新型高校教师队伍，为高校提高人才培养质量、服务我国经济社会创新发展提供坚强的师资保障。

中国高校教师专业发展经历了从古代儒家传统到现代化、国际化的演变过程。从最初的道德楷模到现代的教学科研专家，高校教师的角色和使命正在逐步演变。历史的沿革不仅反映了中国教育制度的变迁，也展现了中国高校教师在不同历史阶段的努力与担当。立足"十四五"规划、面向2035，新时代教师专业发展体系正以内涵建设提升教师专业发展的精准性，以"数字化赋能"重构教师专业发展样态，提升教师的专业能力水平。

第二节　教师专业发展的基本理论

高等教育作为社会发展的引擎和知识传承的重要平台，在培养人才、推动科研和社会服务方面发挥着关键作用。而高校教师作为高等教育的中坚力量，其专业发展不仅关乎个人成长，也影响着整个教育体系的质量和创新。高校教师专业发展的基本理论为教育界提供了指导和支持，也反映了教师专业发展过程中的思维创新和意识进步。

一、成人学习理论

成人学习理论为高校教师专业发展提供了理论基础。著名的美国成人教育学家马尔科姆·诺尔斯（Malcolm Knowles）在20世纪提出的成人学习理论，强调成人具有自主学习的需求，因此教师的专业发展应当注重针对性、自主性和实践性。在这一理论的指导下，高校教师在专业发展过程中需要参与制定个人发展计划，注重问题驱动的学习，将理论与实践相结合，以推动自身的成长。

成人学习理论，也被称为"成人学习原理"。这一理论是基于对成人学习方式和需求的深入研究，旨在指导成人教育的实践。诺尔斯的成人学习理论建立在一系列关键假设上，包括以下几点：

成人学习者的自主性。成人具有独立思考和决策的能力，他们更愿意参与那些能够满足他们自身需求和兴趣的学习活动。因此，在教育中应该鼓励成人学习者参与目标制定和课程设计的过程，以提高学习的动机和参与度。

经验的重要性。成人学习者通常拥有丰富的生活经验和知识背景。这些经验可以成为学习的重要资源，教育者应该利用这些经验，与新的知识和技能相结合，帮助他们建构更深入的理解。

问题中心的学习。成人倾向于寻求解决实际生活中的问题和挑战。因此，教育活动应该与现实生活密切相关，帮助学习者解决他们在工作、社交和日常生活中遇到的问题。

学习动机。成人学习者的动机通常与他们的个人目标和需求相关。因此，教育者需要了解学习者的动机，并将学习内容与其个人目标相连接，以提高学习的积极性和成效。

自我概念。成人的自我概念和自尊心对学习影响重大。教育者应该营造支持性的学习环境，鼓励积极的自我概念，从而增强学习者的自信心和学习效果。

基于以上假设，诺尔斯提出了指导成人教育实践的原则：

自主性原则，鼓励学习者参与制定学习目标和计划，增强学习的自主性和责任感。

经验应用原则，将学习与学习者的现实经验相联系，帮助他们建构新知识并解决实际问题。

问题导向原则，将学习设计为解决问题和应对挑战的过程，增强学习的实际效果。

动机因素原则，了解学习者的动机，将学习内容与其个人目标相结合，提高学习的积极性。

成人自尊原则，营造支持性的学习环境，增强学习者的自信心和自尊心。

马尔科姆·诺尔斯的成人学习理论强调了成人学习者的主动性、经验、问题导向、动机和自尊等因素的重要性。这一理论为成人教育实践提供了有价值的指导，帮助教育者更好地满足成人学习者的需求，促进有效的学习和发展。

二、反思实践理论

反思实践理论强调在教学实践中不断进行反思和调整。这一理论由 20 世纪最具影响力的教育家和哲学家之一的约翰·杜威（John Dewey）等人提出，强调教师应当审视自己的行为、经验和信念，从中获得洞察力并进行调整。高校教师在专业发展中，通过教学反思、同行评议和教学日志等方式，不断提高自己的教育素养和教学效果。

约翰·杜威的反思实践理论在教育和哲学领域产生了深远的影响。他的理论强调了学习和实践之间的密切联系，强调了体验、实践和反思的相互作用，以促进深入的学习和个人发展。杜威的反思实践理论基于他对经验主义哲学的理解，认为知识和理论不应仅仅是抽象的概念，而应该是从实际经验中产生的，能够在实际生活中得到应用的。他强调，真正的学习不仅仅是被动地接受信息，而是通过积极参与和实践来获得知识。在杜威的理论中，反思是一个关键的概念。他认为，通过将经验和行动与反思相结合，人们可以更好地理解他们的经验，并从中获得深刻的洞察力。这种反思过程不仅仅是简单地回顾经验，而是一种深入思考和分析的过程，有助于发现模式、探索原因和推断结果。

根据杜威的理论，反思实践包括以下几个关键要素：

经验（Experience）。学习从实际经验中产生，这可以是与物理世界的互动，也可以是与社会环境的互动，甚至是与内在的思想和情感的互动。这些经验为学习提供了材料。

实践（Action）。通过实际行动，人们将他们的想法付诸实践。实践是知识应用的方式，是将理论转化为实际成果的手段。

反思（Reflection）。在经验和实践的基础上，个体需要进行深入的反思。这种反思涉及对经验的审视、对行动的评估以及对结果的思考。通过反思，个体可以获取新的见解，调整他们的行动，并为未来的实践做准备。

尝试（Experimentation）。杜威认为，学习是一个持续的循环过程，其中实践和反思相互作用。在反思的基础上，个体可能会尝试新的方法、策略和观点，然后再次通过实践进行测试和评估。

杜威的反思实践理论在教育领域有着深远的影响。他主张教育应该以学生为中心，鼓励学生参与实际的问题解决和实践活动，以培养他们的批判性思维、创造力和解决问题的能力。他提倡的"经验教育"强调学生应该在实际生活中学习，并从中获得有意义的经验，而不仅仅是传授抽象的知识。

约翰·杜威的反思实践理论强调了经验、实践和反思之间的紧密联系，认为这种循环过程有助于促进深刻的学习和个人发展。他的理论不仅在教育领域具有重要影响，还为个体在各个领域更有效地学习和成长提供了有益的思考框架。

三、社会认知理论

20世纪美国著名心理学家阿尔伯特·班杜拉（Albert Bandura）的社会认知理论被认为是行为主义和认知心理学之间的桥梁。社会认知理论为理解个体学习、行为变化和心理发展提供了重要的观点，强调通过观察和模仿他人来学习，强调了个体如何通过观察和模仿他人来学习新知识和新技能，认为个体的信念、期望和自我效能对学习和行为会产生影响。高校教师专业发展中，培养良好的师德师风、激发学生的自主学习能力以及树立积极的教育信念都是以社会认知理论为指导。

社会认知理论的核心观点是，人们通过观察他人的行为、结果以及与之相关的奖惩来获取新知识和新技能，而不仅仅是通过自己的直接经验。在这个过程中，个体会形成心理模型，也就是所谓的"模仿模型"，以指导他们的行为。在社会认知理论中，有以下几个关键概念：

模仿模型。个体通过观察他人，特别是那些被认为是"模仿模型"的人，来学习新的行为。这些模型可以是家人、朋友、名人，甚至虚构的人物。

观察学习。通过观察他人的行为和结果，个体可以获得关于何时以及如何执行某种行为的信息。这种学习方式比试错法更高效，因为它避免了自己的实际失败和错误。

自我调节。个体不仅仅是被动地模仿他人，他们还能自我调节行为。这包括判断何时适合模仿何种行为，以及根据情境和目标来调整行为。

强化和惩罚。社会认知理论中也考虑了奖励和惩罚对学习和行为的影响。个体通过观察他人获得的结果，可以预测自己执行某种行为的后果，从而影响他们是否选择模仿这种行为。

自我效能感。这是社会认知理论的一个重要概念，指的是个体对自己完成特定任务的能力的信念。高自我效能感会鼓励个体积极参与学习和行动，而低自我效能感则可能阻碍他们的努力。

社会认知理论强调了观察学习、模仿和自我调节在个体学习和行为变化中的重要性。它在教育、心理治疗、领导力培训等领域都有重要应用，帮助我们更好地理解人们如何从周围环境中学习，并如何通过观察他人来塑造自己的行为和信念。

四、教师身份建构理论

建构主义的最早提出者是瑞士的皮亚杰(J. Piaget)，其是认知发展领域最有影响的一位心理学家。利用建构主义可以比较好地说明人类学习过程的认知规律，即能较好地说明学习如何发生、意义如何建构、概念如何形成，以及理想的学习环境应包含哪些主要因素等。教师身份建构理论认为，教师的专业发展不仅仅是知识和技能的积累，也涉及教师身份的建构和认同。教师在不同的社会、文化和教育环境中会不断调整自己的教师角色和身份。这一理论提醒高校教师要意识到自己的身份建构是一个动态的过程，需要在不断变化的教育背景下持续发展。

教师身份建构理论是教育学领域的一个重要理论框架，旨在探讨个体在成为教师的过程中，是如何从一个普通人逐步形成和发展出教师身份的。这一理论不仅关注教师的专业角色，还强调了其在个人、社会和文化层面的影响。教师身份建构理论的核心观点包括以下几点：

个人认同的转变。教师身份的建构是一个渐进的过程，涉及个体的自我认知和认同。个体在教育专业中逐渐培养出教育者的自我认同，将其视为一种核心特征，从而影响他们的想法、情感和行为。

社会化和专业化。教师身份的建构是通过社会化和专业化过程实现的。社会化包括与其他教师、学生、家长和教育机构的互动，逐渐融入教育社群。而专业化则是指逐步掌握教学技能、知识和教育价值观，从而真正成为一名专业的教育工作者。

情感体验的重要性。教师身份的建构与个体的情感体验密切相关。教育工作涉及情感劳动，个体需要处理各种情感，如对学生的关怀、对教育事业的热情以及挑战带来的压力。这些情感体验影响着教师身份的建构和发展。

反思与成长。教师身份的建构是一个不断反思和成长的过程。教师需要不断地审视自己的教育实践、教育信念以及与学生、家长和同事的互动，从中汲取经验教训，不断优化自己的教育方式。

文化和社会背景。教师身份的建构受到文化和社会背景的影响。不同文化和社会环境中，教师的角色和期望可能有所不同，因此教师身份的建构也会受到这些因素的影响。

跨学科性。教师身份建构理论不仅关注教育学，还借鉴了心理学、社会学、人类学等多个领域的观点。这种跨学科的视角有助于更全面地理解教师身份的形成。

在教师身份建构理论的指导下，教育机构可以更好地培养出具有稳固专业认同的教师队伍。教师个体也能够更清晰地认识到自己在教育中的角色，通过不断的学习和反思，提升自己的教育素养和专业水平。总之，教师身份建构理论为教育领域提供了深刻的理论洞察，有助于促进教育实践的不断发展和完善。

五、学习社区理论

最早提出"社区"概念的是德国社会学家斐迪南·滕尼斯（Ferdinand Tönnies）。社区是若干社会群体或社会组织聚集在某一个领域里所形成的一个生活上相互关联的大集体，是社会有机体最基本的内容，是宏观社会的缩影。基于"社区"概念的学习社区理论，强调学习是一种社会实践，个体通过与他人的互动和合作来共同构建知识。在高校教师专业发展中，教师应当积极参与学科组、教研室等学习社区，分享经验、交流观点，从而在合作中不断提升自己的教育水平。

学习社区理论是一种关于知识共享、合作学习和社交互动的概念框架，旨在促进个体之间的知识交流、协作和共同成长。这一理论强调，学习不仅仅是个体内部的认知过程，更是通过与他人的互动和合作，共同构建知识和理解的过程。

学习社区理论的核心概念包括共同目标、共享资源、社交互动和协作学习。共同目标是学习社区形成的基础，它使成员们在一个共同的目标或兴趣点上汇聚，从而激发合作和知识交流。共享资源则是指学习社区成员之间共享信息、经验、观点和工具的过程，从而丰富每个成员的学习体验。社交互动在学习社区中扮演重要角色。成员之间的互动可以通过讨论、问题解答、合作项目等形式进行，从而促进知识的深入理解和透彻应用。这种互动不仅仅是传递信息，更是激发思考、激发创新和建立人际关系的方式。协作学习是学习社区理论的关键组成部分。通过协作学习，学习者能够从不同的角度、经验和专业背景中汲取知识，共同解决问题，促进跨学科思维。协作学习培养了团队合作能力、沟通技巧和问题解决能力，这些技能在现实世界中具有重要意义。

学习社区理论还关注了社会参与和身份建构。通过参与学习社区，个体不仅能够获取知识，还能够塑造自己的身份认同。学习社区成员在互动中建立自己的专业声誉和人际关系，这对于职业发展和社会认同都具有积极影响。

学习社区理论强调学习是一种社会活动，个体通过与他人的合作、互动和共享，共同建构知识、发展技能。这一理论不仅指导着教育实践，也在现实生活中的团队合作、社区发展和知识创新中发挥着重要作用。

六、可持续发展理论

可持续发展理论强调综合平衡各种因素，以实现长期的、全面的发展。在高校教师专业发展中，这一理论提醒教师要在教学、科研和社会服务等方面取得平衡，不断提升自己的综合素质，为教育事业的可持续发展作出贡献。

教师专业发展的可持续发展理论是一种旨在促进教师职业成长和持续进步的教育理念。这一理论强调教师的学习和发展是一个不断演进的过程，需要适应不断变化的教育环境和需求。它涵盖了多个方面，包括个人、职业、社会和教育系统层面的可持续发展。

在个人层面，教师专业发展的可持续发展理论关注教师作为个体的成长和学习。教师被鼓励通过持续的学习来提升自己的专业知识和技能，不仅在自己的专业领域内，还在跨学科和跨领域方面进行学习。这种学习可以通过参加研讨会、培训课程、研究项目等途径来实现。同时，教师应该反思自己的教学实践，不断地调整和改进教学方法，以适应学生的需求和时代的变化。

在职业层面，教师专业发展的可持续发展理论强调教师作为一种职业是需要长期发展的。教师应该制定个人职业目标，并积极追求卓越。他们可以参与教育研究、发表教育论文、参与教育政策制定等，从而为教育领域的发展作出贡献。此外，教师还应该与同行进行合作和互动，分享经验和教训，促进共同成长。

在社会层面，教师专业发展的可持续发展理论认识到教育是社会发展的关键因素。教师在教育过程中不仅传递知识，还培养学生的综合素养和价值观。因此，教师应该意识到自己在社会中的责任和影响，并积极参与社会问题的解决，推动社会的可持续进步。

在教育系统层面，教师专业发展的可持续发展理论强调教育机构和政策制定者的角色。教育机构应该提供支持性的学习环境，为教师提供不断学习和发展的机会。政策制定者则应该设计合适的政策，鼓励教师专业发展，创造良好的教育环境。

教师专业发展的可持续发展理论强调教师作为教育领域中不可或缺的因素，需要不断地学习、成长和适应变化。这一理论鼓励教师在个人、职业、社会和教育系统层面追求可持续的发展，为教育事业的进步作出积极的贡献。

高校教师专业发展的基本理论涵盖了成人学习、反思实践、社会认知、教师身份建构、学习社区以及可持续发展等多个方面。这些理论不仅为高校教师提供了指导，也为教育体制改革和教育质量提升提供了理论支持。在实际的专业发展过程中，高校教师可以根据自身需求，灵活应用这些理论，不断提升自己的教育水平和教育素养，为培养更多优秀人才和推动社会进步作出积极贡献。

第三节　教师专业发展的数字化转型

随着信息技术的快速发展和普及，数字化转型已经渗透到了各行各业，高等教育领域也不例外。2008 年，美国国际教育技术协会（International Society for Technology in Education，ISTE）推出了《面向教师的国家教育技术标准》，详细定义了技术应用于教育的基本概念，从多个维度对面向教师的教育技术能力作了重新分类与界定①。2022 年，中华人民共和国教育部为深入贯彻落实党的二十大精神，扎实推进国家教育数字化战略行动，完善教育信息化标准体系，提升教师利用数字技术优化、创新和变革教育教学活动的意识、能力和责任，研究制定了《教师数字素养》标准②。在高校教育中，数字化转型正在成为一个不可忽视的趋势，对于教师专业发展产生了深远的影响。

一、数字化转型的背景与现状

国家在第十四个五年规划和 2035 年远景目标纲要中提出，"我们要迎接数字时代，激活数据要素潜能，推进网络强国建设，加快建设数字经济、数字社会、数字政府，以数字化转型整体驱动生产方式、生活方式和治理方式变革，加快数字社会建设步伐，适应数字技术全面融入社会交往和日常生活新趋势，促进公共服务和社会运行方式创新，构筑全民畅享的数字生活"。教育作为与之相适应的重要数字化应用场景，需要推动高质量的数字化课程资源纳入公共教学体系，并且要深入推进优质教育资源在农村和边远地区薄弱学校的数字化辐射能力，在教学模式、管理评价和学习方式等方面作出相应的改变。

数字化转型是指将传统的教育方式与现代信息技术相结合，以实现教育教学的创新和提升。在高校教育中，数字化转型表现为课堂教学的数字化、在线教育平台的兴起、教学资源的数字化存储与分享等。随着移动互联网的普及，教师和学生可以更加方便地获取知识和信息，这也对传统的教学模式提出了新的挑战和机遇。

随着信息技术的迅速发展，数字化转型已经成为各行各业的必然趋势，教育领域也不例外。高校作为培养人才的重要阵地，其教师的数字化转型显得尤为重要。数字化转型是指运用信息技术和数字工具，改变传统教学方式和管理模式，以提升教学效果、提供更灵活的学习体验，促进教师专业发展的过程。

高校教师发展数字化转型的背景可追溯至以下几个方面：

---

① eSchool News Staff Reports. NECC Highlights Tech's Transformative Power [EB/OL]. (2008-07-16) [2009-03-15]. http：//www. Eschoolnews. com/news/top-news/? i = 54581.

② 教育部关于发布《教师数字素养》教育行业标准的通知(教科信函〔2022〕58 号)，教育部 2022 年 11 月 30 日。

技术进步的推动。当今社会信息技术日新月异，互联网、人工智能、大数据等技术正深刻改变着人们的生活方式和思维方式，高校教师需要适应这些变化，将新技术融入教学和研究，以更好地满足学生的需求。

学生需求的变化。当代学生成长在数字化环境中，他们对教学方式和学习体验有着不同寻常的期待，高校教师需要通过数字化手段提供更具互动性和趣味性的教学，以更好地与学生互动，促进知识传递。

全球竞争的压力。高校之间的竞争不再局限于本国范围，国际化交流与合作日益频繁，数字化转型可以促使高校教师跨越地域限制，通过线上平台与国际同行合作，提升自身的学术水平。

教育模式的变革。传统的一对多授课模式已经不能完全适应现代教学的需要，数字化技术使教学变得更加个性化和定制化，高校教师需要通过数字化手段实现教学内容、方式和评估的个性化。

目前，高校教师数字化转型的现状表现在以下几个方面：

线上教学的普及。信息技术的快速发展加速了高校线上教学的普及，许多教师通过网络平台进行远程授课，借助各类工具保持与学生的互动，促进了教师对数字化教学的实践和认识。

个性化教学的探索。教师开始尝试运用人工智能等技术分析学生的学习情况，从而个性化地调整教学内容和方式，这种定制化的教学能更好地满足学生的学习需求。

教学工具的应用。数字化转型催生了各种教学工具的涌现，如在线测验、虚拟实验室、教学管理系统等，教师可以借助这些工具优化教学过程，提高教学效率。

教师专业发展的重塑。教师数字化转型不仅仅是教学方式的变革，也涉及教师的专业发展，教师需要不断学习新的技术和教学方法，提升自身的数字素养，以适应数字化时代的要求。

教育研究的创新。数字化手段为教育研究提供了新的途径，教师可以通过大数据分析、在线调查等方法深入研究教育现象，推动教育领域的创新和发展。

综上所述，高校教师数字化转型已经成为当今教育领域的一个重要议题。在数字化技术的推动下，高校教师不仅需要适应新的教学方式，还需不断提升自身的专业素养，以更好地满足学生的需求，推动教育的创新与发展。

二、世界各国教育数字化转型与启示

随着科技的发展和社会的变化，教育数字化转型已经成为世界各国教育改革和发展的重要趋势。教育数字化转型不仅是教育信息化的深化，也是教育理念、教育内容、教育方法、教育评价等方面的创新。教育数字化转型对教育产生了深刻的影响和变革。

改变教学方法。数字化转型使教育机构能够采用更多样化的教学方法，包括在线教育、混合式学习和远程教学等。教师可以根据学生的个人需求调整教学方法，使教育更加有效和个性化。自适应学习平台使用数据分析来识别学生的优势和劣势，提供个性化的内容和反馈，从而提高学习效果。起始于 20 世纪 90 年代的 E-learning（数字化学习），是指通过互联网或其他数字化内容进行学习与教学的活动，它充分利用现代信息技术所提供的具有全新沟通机制与丰富资源的学习环境，采取一种全新的学习方式。作为 E-learning 的发源地，美国 500 强企业中已经有 60% 以上的企业以 E-learning 作为教育训练的主要辅助工具。企业大学作为一种企业为了自身发展的需要而出资建立和管理的教育性组织，近年来，在世界范围内得到了快速的发展。而 E-learning 以其低成本、高效率的独特优势逐渐成为企业大学主要的授课方式之一。E-learning 的应用规模越来越大，在国外市场中的发展速度非常快，已经有很多企业与公司从 E-learning 中受益。如著名的 Cisco（思科）公司的 E-learning 系统是应用最成功的典范。该公司从 20 世纪 90 年代开始建设自身的 E-learning 系统，如今该系统已经覆盖了该公司在全球的所有分支机构，公司 80% 的培训都是通过 E-learning 的方式完成的，节约了 40% ～ 60% 的直接培训成本。E-learning 数字化学习方式包括三种网络在线学习的单元模块。第一种课程设计是线性的模块，老师将课程分成几个单元，每个单元呈线性分布，学生一步一步跟着老师的设计完成相应的任务。老师把需要完成的测试、作业、讨论等按顺序排放，学生跟着步骤完成。第二种课程设计是支架式教学设计，学生完成一个板块，可以直接进入另外一个更高要求的板块，中间可以略过系统默认学生没必要做的板块。老师可以控制每个单元，等待学生完成一个单元模块，再开放下一个单元模块，并且课程 PPT 可以按照教学进度开放，不需要全部打开。第三种课程设计是单元模块的交错设计，学生可以自主选择单元模块及项目的顺序。E-learning 创造了知识网络化的学习环境，专业知识和数据在相关数据库的支持下，对相关的知识体系进行重新划分，使得学习内容发生了重新组合；E-learning 发掘了学习时间与地点的灵活性，学员不仅可以自由安排学习时间和工作时间，而且无论是在办公室、家里，还是旅馆房间，都可以根据自己的行程表方便地进行学习；E-learning 学习内容的动态变更性，更加符合社会发展变化需要和知识更新需求，使得包括学习教材在内的各种学习资源与业务相关技术对企业员工更具有价值。

改善学习体验。数字技术为学生提供了多样化的学习资源和工具，包括电子课本、教育应用程序和模拟软件。这些资源和工具使学习更具互动性和吸引力，使知识获取更愉快。虚拟和增强现实（VR/AR）可以创造身临其境的教育体验，增强对科学、历史和艺术等复杂学科的理解。VR/AR 虚拟仿真教学是以高科技计算机技术为基础而形成的一种虚拟环境，能够给人们带来形象逼真的感官体验，并且通过特定装置或仪器设备，利用独特的手段，在虚拟环境中与目标对象进行互动和交流，从而让学习者得到一种身临其境的学习体验。美国深度开展数字化背景下课程与教学改革，其课程设计中心推出"四维教育"和"教育中的人工智能：潜力与前景"等课改报告，其中"四维教育"之"四维"分别是知识维度、技能维度、角色维度和元学习维度。日本于 2021 年推出新一期"科学技术创新基本计划"，该计划进一步细化了"社会 5.0"的愿景，并着力强调教育的数字化转型，系统推进 STEM（Science，Technology，Engineering，Mathematics）教育，旨在通过信息教育培养学生的学习力以及面向社会 5.0 时代的生存力。英国教育部 2019 年发布《充分释放教育技术的潜能》政策，明确了当下和未来的教育技术发展愿景，提出了支持教育部门开发和嵌入技术，以提高效率、消除教育障碍并最终推动教育成果的改善。北京师范大学蔡苏等人自主设计开发了一个跨平台的三维虚拟学习环境平台 i3DVLE，针对中小学的学科教学对于三维虚拟学习环境的潜在需求，i3DVLE 中设计了若干教育案例，如太阳系行星运动规律、牛顿运动定律、虚拟大讲堂等，旨在分析和评估三维虚拟学习环境下教学的有效性、学生的学习动机和参与度。由此可见，VR/AR 技术为学生提供了沉浸式的学习体验，帮助学生通过教育软件、模拟实验、虚拟导师等虚拟现实设备进入到远程教室或实验室中，与教师和其他学生进行各种交互式学习实践和体验交流，从而提高他们的学习兴趣和积极性。虚拟现实技术可以模拟真实的场景，帮助学生在虚拟的场景中进行各种实践操作，从而加深对知识的理解和应用能力的培养；增强现实技术可以将虚拟元素与现实环境相结合，让学生能够在实际场景中进行学习和实践，更加直观地了解实验的过程和规律。

改进教育管理。数字化转型可以提高教育机构的管理效率。数字化简化了教育机构的行政流程，管理系统可以有效地处理学生记录、日程安排和资源分配，提高整体效率。学校可以使用数据分析来监测学生的进展，更好地分配资源，提高教育质量。数据分析可以帮助机构监测学生的进步，并确定需要额外支持或资源的领域，从而获得更好的教育成果。美国肯塔基州社区和技术学院体系（Kentucky Community and Technical College System）由全州16所独立认证的两年制学院组成。该系统致力于向更集中的管理和教育模式发展，其倾向于系统化地使用第三方供应商的方式，为有效实施数字化学习及其对投资回报率的影响提供有用的经验。一般情况下，该系统与供应商签订外部合同，提供学生外联软件、学生支持、教师成绩册管理等功能服务，并在"学位地图"（degree mapping）中为学生提供指导。目前，该系统每年为大约10万名学生提供服务，同时为寻求学位和非寻求学位的学生提供广泛的在线课程项目，如按学期进度的在线课程以及"按需学习"项目（"Learn on Demand" program）。"按需学习"是一个全新项目，专注于基于职业能力的教育，提供非同步学习条款，学生可依照实际情况，任选某一个周一开启新学期的课程。对于"按需学习"课程，该系统提供六名学生教员，以指导学生应对在线学习的挑战。这一数字化举措充分展示了"按需学习"计划的一个关键优势，即有工作的学生，可以平衡自身的工作与学习时间。现今，近3/4的该系统学生至少在网上学习一门课程，约5000名学生注册参加了"按需学习"项目。为了在其16所院校中保持一致的教学质量，该系统一直致力于集中旗下几项学术服务。在线课程是在个别院校层面推出的，但该系统的中央课程审查和批准流程确保课程符合全系统的学术质量标准。尽管各院校目前提供的教学设计支持水平参差不齐，但该系统组建了一个中央团队，以帮助教师提高在线课程质量，旨在提高学生在线课程的通过率。该系统还提供了一个数字化辅导服务，集中了其学生支持和管理职能，以确保学生能够在其系统内的所有学院获得类似的学术服务。该系统还集中了许多管理职能，包括课程注册、经济资助和评分机制，进一步规范了所有 16 个成员机构的在线学生的整体学习体验。

优化资源配置。2012 年，联合国教科文组织在《关于开放教育资源的巴黎宣言》中呼吁：用本民族语言、多元文化背景开发、改编开放教育资源，确保其相关性和可访问性①。数字化教育消除了地理限制，促进了教育资源的分配，远程教育和在线课程使更多人能够获得高质量的教育，如开放教育资源（open educational resources，OER）和大规模开放在线课程（massive open online courses，MOOC）使全球受众能够访问教育材料和课程，提供量身定制的支持、替代形式和辅助技术，提高了所有学生获得优质教育的机会。近年来，风靡全球的开放教育资源运动意味着教师可以免费利用大量的教育资源，并且没有版权限制，教师可以直接获取，增加学科知识，改造教学工具，重置班级教学目标。开放教育资源运动的主要功能在于推进全球知识的共享，毋庸置疑会成为发展中国家教育的曙光。随着全球教育改革的深化，阿富汗学者们结合本地区的教育实际情况，尝试构建了"知识树"（knowledge tree）多语种数字化图书平台。教师既可以在阿富汗地区或世界的任何地方独立访问数字化图书平台相关网站，利用土著语收藏视频、音频等多样化媒体资源，也可以通过学校的电子实验室，将教育资源整合到教师的教育教学中，同时，广大的农村教育工作者基于移动技术的应用，通过平板电脑和手机使用 3G 网络，在数字化图书平台获取教育资源。该网络平台为教师提供了丰富的优质在线资源，完善了教师的学科知识结构，改进了教育教学方法，为提高阿富汗当地的教育质量作出了积极的贡献②。

助力社会和经济发展。教育数字化产生了重大的社会和经济影响，促进了技能发展，培养出更多的技能工人，增加了就业机会，推动了创新和知识产业的发展。获得优质教育可以增强边缘化社区的能力，减少贫困，并有助于社会和经济发展。作为"金砖五国"之一，南非被视为非洲的门户，拥有非洲最完善的工业体系、名列前茅的人均生活水平和巨大的市场潜力。2020 年，《南非国家数字及

---

① UNESCO. 2012 Paris OER Declaration［EB/OL］.（2018-09-15）［2023-11-21］. www. UNESCO. ORG.

② OATES L, HASHIMI J. Localizing OER in Afghanistan：Developing a Multilingual Digital Library for Afghan Teachers[J]. Open Praxis, 2016（2）.

未来技能战略》①提出有必要建立从学前教育、学校教育、学校后教育再到在职培训的完整机制来推动南非数字技能发展，试图消除数字技能供应方与数字技能需求方（企业和社区）之间的隔阂。战略囊括了各层次数字技能培养，同时论及数字化发展与社会、生产等方面的密切关系。对于南非来说，发展数字教育的目的是使用信息通信技术加速国家教育目标的达成。数字教育不仅指学习电脑知识或掌握处理各种类型信息和通信技术的必要技能，更包括一系列能力的培养。这些能力包括：使用信息通信技术对信息进行收集、分析、评价、整合、呈现和交流；通过改造、应用、设计、发明、授权信息等途径创造知识和新信息；使用合适的技术和掌握沟通合作技巧，在知识社会中发挥作用。据此，南非将数字教育中的信息通信技术视为重组教育、推进整个学校发展的资源，它的角色包括：管理工具；提高生产率的行政工具；整合课程的资源；沟通工具；教师和学生的合作工具。它有助于提供具有创造力、沟通力、合作和参与的学习氛围。为了实现数字教育的目标，基础教育和高等教育机构需要转变成学习型组织，在这样的组织中，教师和学生都应具备信息通信技术的基本技能；无论专业水平如何都形成了把信息通信技术应用到教育中的意识；能够对教育机构内外的信息通信技术提出挑战和批判。相应地，数字学校应该从领导到教师、从课程资源到基础设施都充分体现信息通信技术的作用。同时，数字学校也要加强与社区的联系，为社区提供硬件与技术支持。南非凭借自身的教育发展优势，使数字教育发展成为社会和经济发展的持续动力。

　　总的来说，教育数字化转型在全球范围内正在取得进展，具有巨大的潜力，可以提高教育的质量和可及性。E-learning 学习方式改变了传统教学中教师的作用和师生之间的关系，从而根本改变了教学结构和教育本质。随着 E-learning 的发展不断产生新的数字学习形式，混合学习（blended-learning）、MOOC 风靡全球，其发展让大学教育充满激情却又面临挑战。VR/AR 技术在教育领域的应用为学生提供了更多学习机会，提供了更加生动、直观的沉浸式学习体验，帮助学

①　Department of Communications and Digital Technologies，South Africa. National Digital and Future Skills Strategy［R/OL］. （2020-08-30）［2022-12-04］.

生更好地理解各种抽象概念，丰富了学习资源和工具，促进了教学交流和互动，不仅可以弥补时间和空间的限制，还能够创造更具创新性和个性化的学习环境，推动教育的发展和进步。数字化机构管理已成为高校教育明确自身的数字化战略和目标，制定合理的数字化转型计划，并在组织架构、制度流程等方面进行全面调整和优化的必然趋势。通过建立数字化管理体系，实现对学生学习过程的全流程跟踪和监控，让管理更加便捷高效，提高学校的核心竞争力和市场占有率。教育数字化转型促成了优质教育资源实现普惠共享，各国智慧教育公共服务平台不断丰富优质资源，积极拓展功能应用，加强教育领域重要公共服务产品供给。教育数字化转型助力社会和经济发展，产教互动、科教融汇成为普遍态势，各类教育对产业变革和科技创新的支撑作用更加凸显。但不同国家和地区的数字化教育发展水平各不相同，取决于其资源、政策、文化和教育体系的不同情况，教育数字化转型也需要综合的规划和有效的管理来解决数字化转型带来的相关问题和挑战，如数字鸿沟、数据隐私问题、网络安全问题，以及确保数字教育内容的质量和在线评估方法的有效性以保持教育的完整性。

三、中国教师数字素养的标准与发展

数字素养已成为数字时代中国公民的必备基本素养。2021年10月，中央网信办印发的《提升全民数字素养与技能行动纲要》[①]对提升全民数字素养与技能做出了全面系统的部署，并针对教育领域强调要"不断提高教师运用数字技术改进教育教学的意识和能力"。党的二十大明确提出"推进教育数字化"。为了深入贯彻落实党的二十大精神，扎实推进国家教育数字化战略行动，完善教育信息化标准体系，提升教师利用数字技术优化、创新和变革教育教学活动的意识、能力和责任，在2023年2月13日召开的首届世界数字教育大会上，教育部正式对外发布了《教师数字素养》行业标准，明确了教师数字素养的核心内涵和指标框架，为教育管理部门、学校和教育机构在发展教师数字素养方面提供了指导，也为建设教师数字素养培训资源、开展监测评价提供了依据。

---

①　中央网络安全和信息化委员会. 提升全民数字素养与技能行动纲要［EB/OL］.（2021-11-05）［2022-06-01］. http：//www.cac.gov.cn/2021-11/05/c_1637708867754305.htm.

教育部发布的《教师数字素养》标准，主要用于对教师数字素养的评价与培训，包括了数字化意识、数字技术知识与技能、数字化应用、数字社会责任和专业发展等五个一级维度，每个一级维度下设二级维度和三级维度，共包括 13 个二级维度和 33 个三级维度。其中，数字化意识包括数字化认识、数字化意愿和数字化意志维度，重点指向了教师对数字技术价值、应用意愿和资源认知等内容；数字技术知识和数字技术技能维度，重点对数字技术原理、资源选择策略和使用方法进行了能力描述；数字化应用维度从教学设计、教学实施、学业评价、协同育人等维度对数字化支持的教与学过程进行了能力描述；数字社会责任维度包括法治道德规范和数字安全保护，对教师的互联网数字道德与网络数据隐私安全等能力进行了描述；专业发展从数字化学习研修和教学研究创新维度，对数字化学习生态下的资源学习、反思评价、网络研修和教学研究进行了能力描述。

从中国教师数字素养的能力标准指向性来看，与国际范围有关的教师数字化应用的知识、技能、态度等方面的界定一致，为进一步促进我国教师数字素养全面持续提升指明了三个发展方向。

一是教师数字化教学设计与实践能力。教师要具备围绕数字化时代学习者个性化学习的目标，能够面向在线学习和混合式教学模式学习的设计与实施能力，对学习者进行有效干预、适需服务设计、即时提问、有效互动和多元智能评价的教学能力。

一方面，数字技术在教育领域拥有丰富的应用场景，如基于人工智能的教学助手和应用可实现教与学过程的智能化，5G 与虚拟现实的融合有利于打造沉浸式环境。教师不仅需要了解这些常见数字技术的内涵特征及其解决问题的程序和方法，还要能从自身课堂的应用需求出发熟练操作适合的数字化设备、软件、平台。例如，教师应熟练掌握国家智慧教育公共服务平台、常用数字化教学系统的功能与应用，学科教师还应掌握专用学科软件以提升课堂质量。上海市嘉定区实验小学通过对试点年级的体育课堂教学进行全员运动负荷数据监测来改进教学。他们的主要做法是运用数据监测系统，课前将所有学生的安静心率和学生体质健康测试的数据录入数据库，对学生的体质状况进行整体把控，对学生的心率进行上下限的设定。课堂开始前 5 分钟按照之前录入的编号向每个学生发放心率腕表，通过运用移动 Wifi 覆盖操场，用平板电脑与电子屏幕连接对学生个人的实时心率、平均心率、最高心率、即时强度、课堂密度、平均强度、卡路里消耗、心率曲线、课后恢复心率、最大摄氧量等进行监控。然后结合班级监测数据，包括有效锻炼时间、班级心率指数、班级最大心率、平均强度、平均卡路里、课堂练习密度、各阶段强度分布、平均心率、各阶段运动曲线、基本部分平均心率、课堂负荷达成率、各阶段运动时间统计、运动负荷项目及标准值，探讨如何利用数据驱动因材施教，有针对性地调整教学计划与教学策略，提高学生的身体素质。这种以数字化赋能教育实践创新的应用，既能够使教师理解数据，将数据解释转化为教学行动，也能使教师注重教学实效性，在数字化转化环节上具备相应的数据素养技能。

另一方面，在新型教育生态形成的当下，面对更智能的教学环境、更开放的教育资源、更灵活的教学模式，教师更需要提升自身数字化教育教学应用水平，以教育教学全过程的实际需要为出发点，充分发掘并利用优质数字教育资源，将数字技术资源融入教学设计、环境创设以及学业评价优化教学流程，提升课堂活力，实现学生自主、探究、协作学习。如 ChatGPT 作为基于大语言模型的人工智能对话系统，在给人类教育应用带来变革的同时，也对教育提出了新挑战。ChatGPT 模型综合应用人工智能领域的改进 Transformer 神经网络 GPT 模型、基于人类反馈的强化学习、指令微调与思维链等技术，实现了语言解析、情境关联、文本生成等功能。在教学场景中，ChatGPT 能够辅助教、学、评升级应用，给教学准备与开展、学习内容与方法、评价内容与方式都带来了新的应用可能。

二是数据驱动的教师教学决策能力。基于教育数据设计规划有效的教学决策，分为数据驱动的决策、设计驱动的决策、数据启发的决策和数据直觉思维能力发展，让教师能够根据教学过程中的数字档案，根据心理健康、学业成就、综合素质和生涯发展等数据，构建不同学习者的用户画像，对教师的教学策略进行适时调整。数据驱动的教学决策对学生的学习做及时测评，教学的目的不再是在有限的时间内覆盖全部教材内容，而是要帮助学生掌握所学内容，帮助教师调整教学方向、节奏和练习强度，及时了解每个学生对新传授知识的掌握情况。设计驱动的教学决策运用大数据整合学习内容，设计具有挑战性、趣味性、关键性的驱动性问题落实核心学习任务，设计具有探究性与指导性的驱动性问题引导学生持续思考，设计具有思辨性和整合性的驱动性问题引导学生调动高阶思维解决问题，设计具有开放性和多元性的驱动性问题引导学生由单一掌握知识转向多元探究。数据启发的教学决策将教学目标和教学设计加入教学决策过程中，并根据教学数据的特点，创建与教学设计匹配的数据概览，对数据跟踪与分析、教学解释、预测与调整、学习数据挖掘与评估改进作出决策支撑。数据直觉思维能力是指以数据为证，采用深思熟虑的方式来描述客观事实。数据直觉思维能力是数据分析三大能力(数据敏感度、数据思维能力和数据处理能力)中最重要的一种能力。直觉的力量在于它能够快速、直接地捕捉到一些潜在的信息，并且在瞬间作出决策。大数据是指利用先进的技术手段收集、分析和整理大量的数据，通过统计学、机器学习等方法来提取有价值的信息和洞察。直觉能够在瞬间作出快速决策，发现非常规选项；而大数据提供了准确的数据和分析，能够提供更全面的信息。所以，在作出重要的教学决策时，最佳的决策方式是综合利用直觉、大数据、经验和专业知识，并且充分考虑其他关键要素。通过平衡各种因素，教师才能够作出更明智、更可靠的决策。

淮阴师范学院外国语学院利用智慧教学平台提取小语种专业教学行为数据，构建了小语种专业教学决策体系。该决策体系的关键要素包括教学目标、教学内容、教学方法、教学管理四个方面，将教学过程分为教学前、教学中、教学后三个阶段。教学前，利用学情数据设计出与教学目标、教学内容相对应的教学方案；教学中，根据教学行为数据与教学目标，实时监测教学效果，及时调整教学方案；教学后，提取学生评教数据、问卷数据、教师自评数据等开展过程性评价，挖掘教学数据的深层价值，形成教学决策闭环。在此背景下，数据驱动改变了教学决策的范式，通过数据挖掘技术对教学行为数据进行价值提取，为教师的教学决策提供有力的数据支撑。

通过对小语种专业教学过程中产生的现象、问题等进行分析，揭示数据之间的内在关系，多个教学行为数据集的规律与发展趋势，多个教学行为数据集的相关性，教师和学生的教学行为数据依托线上线下的数据采集平台进行数据化存储，教学内容以视频、音频、图片、文字等方式在教学媒介(移动设备、虚拟教学平台等)中展示，教学行为数据自动保存在媒介终端，实现了教师、学生、教学行为数据有效融合，并得出合理的教学决策。该决策体系提升了教学决策的准确性和科学性，有助于小语种专业教学质量的提高。

三是教师数字化人机协同合作能力。教师能够基于技术支持的人机、协同学习模式，从学习结构的模式开展作业组协作、实践共同体协作和社交网络协作，并且基于人工智能技术在社交网和语义网开展人机协同的合作学习模式研究，提供更多复杂性、真实性问题或任务的学习服务支持，有效建立师生之间的学习知识联结共同体。

"人机协同"的教学模式是真人教师与人工智能教师共同配合完成教学的模式。其中，真人教师带领学生学习，负有启发、监管以及助力学生兴趣培养等责任；而人工智能教师的主要工作是帮助学生完成课前预习、课后评测、进行教学个性化学习策划和推进等，使教师的配备更加合理高效。简而言之，"人机协同"通过精准化匹配学习者的能力和当前状态，以及与教师分工协作，达到精准教学和个性化教育的目的。

中国 H 市某职业学校舞蹈课程基于人工智能技术，设计开发了舞蹈教学系统并构建基于人机协同的复合型舞蹈双师(以教学系统为代表的机器教师和人类教师)教学模式实验。该模式基于人工智能技术开发的舞蹈教学系统，有机整合教学系统中各个要素，将教师、舞蹈教学系统和学生三方纳入学习共同体，包括可视化数据平台模块对学生的整体数据进行记录、提取与加工展示，舞蹈学习模块提供学生进行舞蹈技能的自主学习与动作的模拟训练，实现了人机协同教学、人机协同评学和人机协同管学，共同促进学习者的课前、课中与课后的学习。可视化数据平台利用大数据分析技术生成学生的个人画像和班级整体报告，供教师获取学生用户学习时长、训练次数、训练分数以及交互数据，更加精准的教学；舞蹈学习模块提供舞蹈知识的自主学习和舞蹈动作的模拟训练数据，供学生调节自身学习，实现多人交互。

上述案例表明，教师和学生共同受益于"人机协同"教学模式，为舞蹈教育的高效实施与质量保障提供助力，并为舞蹈教育理论体系的重构和实践模式变革提供支持。从教师的角度看，实践"人机协同"教学模式无疑将推进教学内部的调整，有助于教师教学效率的提高和优质教师资源的标准化落地；从学生的角度看，"人机协同"有助于学生思考和探索深层知识，提升个人综合素养，并彰显学生主体地位。

数字技术与教育的融合发展正逐步深入，中国教师必须适应数字技术的蓬勃发展及其在教育行业的快速渗透。提升数字素养不仅是培养数字时代中国公民的基本需要，也是推进教育数字化的战略要求，有助于培养数字化卓越教师，增强推动教育数字转型的关键软实力，为构建高质量教育体系和培养高素质人才提供支撑。

高校教师发展数字化转型在多个方面给社会带来了影响与变革。教学方法的创新、学术研究的多样化、师生关系的重构等都是数字化转型的体现。这也需要教师具备更广泛的能力，包括技术技能、信息素养、时间管理等方面。高校教师应积极适应数字化转型，不断提升自己的综合素质，以更好地适应数字化时代的教育需求。同时，高校教师专业发展的数字化转型是一个不可逆转的趋势。通过创新教学模式、个性化学习、教学评估与反馈以及提供更多的专业发展机会，数字化转型为教师提供了更多的机遇和挑战。教师需要不断提升自己的信息技术能力，适应数字化教育的发展，以更好地服务于学生的学习和成长。

第四节　教师专业发展的数字化教学案例一
——"免疫学基础"线上线下混合式教学模式

根据《教育部关于一流本科课程建设的实施意见》①文件的内容，线上线下混合式一流课程主要指基于慕课、专属在线课程（small private online course，SPOC）或其他在线课程，运用适当的数字化教学工具，结合本校实际对校内课程进行改造，安排20%~50%的教学时间实施学生线上自主学习，与线下面授有机结合开展翻转课堂、混合式教学，打造在线课程与本校课堂教学相融合的混合式"金课"。

随着科技的不断进步和数字化的迅猛发展，教育领域也在不断地发生着深刻的变革，数字技术已日益成为经济社会发展的新动能。网络改变教育、智能创新教育，网络和智能叠加必将催生高等教育的变轨超车。2022年12月10日，"数字化转型赋能一流课程建设研讨"暨课题研究推进和一流课程申报交流会在广州

---

① 教育部关于一流本科课程建设的实施意见（教高〔2019〕8号）[EB/OL]．（2019-10-31）[2023-12-18]．http：//www.moe.gov.cn/srcsite/A08/s7056/201910/t20191031_406269.html.

召开。大会以"数字化转型赋能一流课程建设研讨"为主题，内容覆盖一流课程申报建设、数字化赋能课题研究推进、高职院校精品在线开放课程建设应用等各个方面，全方位展示数字化赋能新时代高等教育教学的理论成果和实践案例。会议的举办对于促进数字化转型与高等教育教学改革的深度融合和创新应用，对线上线下混合式教学模式赋予了数字化新内涵，对助推高校线上线下融合教学的基本模式产生了积极的推动作用。

一是互补型模式。线上线下混合式教学模式的互补型模式体现了线上和线下不同培养目标和教学内容的互补，线上以知识技能学习为主，线下开展互动活动、问题解决等。在这种模式下，教师可以提前准备好自己录制的相关知识技能讲解的微视频、学习资源，让学生利用课前提前观看、学习、练习，课堂上主要组织学生运用相关内容进行互动合作、交流展示、动手实践、项目任务等学习活动，培养学生问题解决、合作交流等能力品格。互补型模式既保证了知识技能讲解的精准性，又保证了学习活动的充分性、深入性和有效性，充分发挥了线上和线下各自的独特优势，更加有助于促进教育质量的全面提升。

二是翻转型模式。线上线下混合式教学模式的翻转型模式体现了"先学后教"的方法，教师在线上提供各种学习资源让学生进行自学，线下进行个别化辅导。翻转型模式需要教师提前设计好内容丰富的线上学习资源，体现各种教育目标，同时指向知识技能的学习，也包括各种项目任务的完成等。学生自主学习完成相应的任务后，教师根据学生完成情况和进度，线下进行一对一的诊断和指导。

三是合作型模式。线上线下混合式教学模式的合作型模式体现了不同教师能力之间的互补，线上为相关内容配备最优秀的教师，线下为任课教师指导评价。一个区域或者一所学校可以根据每位教师擅长的领域，请他们在教研团队的指导下，预先拍摄准备好相关的学习内容，供区域或本校所有学生在线学习。不承担相关内容视频拍摄任务的教师就可以一边学习在线视频或资源，一边在所擅长的领域教师的指导下做好本班学生学习其他不适合线上学习的学习任务，同时做好评价诊断、个别化辅导等任务。

四是公众平台模式。线上线下混合式教学模式的公众教学平台型模式将公众平台作为在线课程支撑，线上学习完全依赖公众平台的推送资源、学习数据收集、用户管理、问卷调查等功能。教师结合课程特点个性化设置公众号栏目，编辑存档各种图文资源，并按照教学计划以一定的频次、每次以一定的文章数量在公众号发布，引导学生开展线上学习。资源的制作方式和推送策略完全由教师自己把握，对于具有一定网络开发技术基础的教师团队而言，还可以通过引入各种小程序和接口扩展公众平台功能，因此，平台的可塑性很高，给混合式教学带来了更多的灵活性。

线上线下混合式教学模式可以充分发挥学生和教师的优势和潜力，提高教学效果和学习质量。对学生而言，混合式教学模式可以提供更加灵活和便捷的学习方式，让学生更加自主地安排学习时间和地点。同时，通过在线学习和面对面教学的结合，学生可以更加深入地理解和掌握课程内容，提高学习效果和兴趣。此外，混合式教学模式也可以培养学生的自主学习和协作学习能力，为未来的学习和职业发展打下坚实的基础。对教师而言，混合式教学模式可以提供更加丰富和多样化的教学手段和资源，让教师更好地满足学生的学习需求和提高教学质量。同时，通过在线学习和面对面教学的结合，教师可以更加全面地了解学生的学习情况和需求，针对性地提供指导和支持。此外，混合式教学模式也可以促进教师自身的专业发展和教学方法的创新。

本节将以"'免疫学基础'线上线下混合式教学模式"数字化教学为案例，从课程目标、课程内容、课程建设、课程特色与创新等方面，探讨线上线下混合式教学模式在教师专业发展数字化进程中的作用。

一、课程目标

免疫学基础(Immunology)的教学目标是为学生学习后续专业课(如病毒学、抗体工程等)及从事有关疾病的诊断和防治工作奠定知识基础。"免疫学"是现代生物科学的前沿学科，结合临床病例、临床标本、理论知识、实验结果，进行逻辑分析、推理、综合与判断，使学生既能融会贯通地掌握所学知识，又具备灵活而严谨的科学思维能力；组织学生开展课外文献资料读书会，结合课程内容，重点查阅有关参考文献，书写读书报告或文献综述，培养学生自学教材和查阅参考文献的能力、自学能力、科学思维能力和撰写医学论文的能力；使学生熟悉常用的免疫学英语词汇，并初步具备阅读本课程英文教科书的能力。通过本课程的学习，使学生达到3个目标(图1-1)。

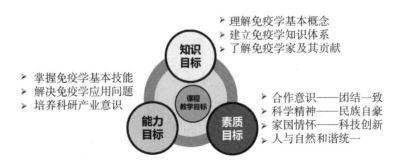

图 1-1 免疫学基础课程目标

(1)知识目标：理解免疫学的概念，建立免疫学的知识体系，系统掌握免疫学基础理论和基本知识；了解我国著名免疫学家及其杰出贡献。

(2)能力目标：了解并掌握免疫学的基本操作技能，解决免疫学基本问题，培养科研意识。

(3)素质目标：培养独立思考、分析解决问题、疾病预防控制、临床诊断、临床治疗等实践能力。培养合作意识、科学精神、热爱科学的情怀，达到人与自然和谐统一。

二、课程内容

免疫学基础理论课程选用于善谦等主编的高等教育出版社教材《免疫学导论》(第3版)，涵盖了免疫分子、免疫复合物、免疫系统和免疫调节等基础理论，章节教学内容见表1-1。

表 1-1   免疫学基础课程内容

章节	内 容	线上学时	线下学时
第 1 章	绪论	1	3
第 2 章	抗原	1	3
第 3 章	抗体	1	3

续表

章节	内　　容	线上学时	线下学时
第 4 章	补体系统	1	3
第 5 章	组织器官与细胞	1	3
第 6 章	主要组织相容性复合物	1	3
第 7 章	抗原抗体反应及应用	1	3
第 8 章	细胞介导的免疫应答	1	3
第 9 章	免疫调节	1	3
第 10 章	感染免疫与疫苗	1	3
第 11 章	超敏反应	1	3
第 12 章	异常免疫应答	1	3

"绪论"部分介绍免疫学的基本概念和研究内容，免疫学的历史和重要人物，重点介绍中国古代和近现代免疫学发展史上关键人物的重要贡献；"抗原"部分学习引起机体免疫反应的抗原的性质和分类，了解抗原佐剂的分类和用途；"抗体"部分介绍五类免疫球蛋白的结构和功能；"补体系统"介绍补体的成分和三条激活途径，以及补体的重要作用；"组织器官与细胞"部分介绍构成免疫系统的各部分的组成和功能；"主要组织相容性复合物"又叫人类白细胞抗原，负责识别机体内在和外来的危险，同时也是介导移植排斥反应产生的原因；"抗原抗体反应"是一切免疫反应发生的分子基础，在实践中有广泛的应用；"细胞介导的免疫应答"指的是特异性免疫反应中体液免疫和细胞免疫这两种类型；"免疫调节"是一个精密的过程，负责机体的稳定和健康；"感染免疫"是机体面对不同种类感染后的反应，疫苗是针对感染的有效预防措施；"超敏反应"包含四种机制各异的类型，都是过度免疫对机体造成的伤害；"异常免疫应答"囊括：自身免疫、移植免疫、肿瘤免疫和免疫缺陷，是免疫系统和疾病的终极对决。

三、课程建设

"免疫学基础"（Immunology）在 2018 年开课，课程紧跟学校人才培养的创新步伐。为满足学科建设和人才培养的需求，本课程历经 2 轮后通过校级系列专题研讨型课程验收；于 2021 年登录武汉科技大学网络教学平台和智慧树网络教学平台，更有利于为新形势下专业人才培养服务。

作为生物技术专业人才培养的核心必修课程，课程建设和教学创新是不变的方向。2019 年，基于本课程的校级教学改革项目"新工科背景下《免疫学》3E 标准课程体系设计"获批立项（现已结题）。2022 年基于本课程的省级高校教研项目获批立项，课程教学创新成果荣获教学成果奖、教学创新大赛奖项等（图 1-2）。围绕课程建设形成了一支省级优秀教学团队。

图 1-2　免疫学基础课程建设

四、课程特色与创新

1. 模块化课程内容重构

课程在多年教学实践积累上，通过科学设计模块化教学，围绕"免疫系统"中心重构课程内容（图 1-3），让学生更易于理解和掌握课程内在逻辑关系和知识体系。

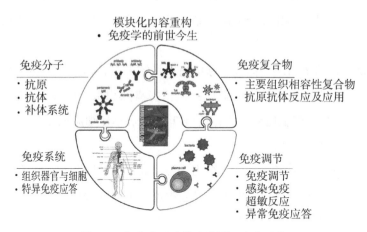

图 1-3　免疫学基础模块化课程内容重构

重构之后的教学内容将 11 部分(不包括第 1 部分——免疫学的前世今生)整合为四大板块,涵盖了免疫学课程的全部知识体系。

免疫通常指机体对感染疾病的抵抗性。免疫学的研究核心就是机体怎么区分"自身"和"非自身"。机体保护自身的机制有两大类:自然免疫(天然免疫)和获得性免疫,后者又分为体液免疫和细胞免疫。体积的免疫系统由许多免疫的组织器官、免疫细胞及免疫分子组成,了解免疫分子、由免疫分子构成的免疫复合物、免疫细胞、免疫器官是理解机体免疫过程的前提。在此基础之上,免疫细胞和免疫分子的作用最终能引起机体的各种免疫调节,包括感染免疫、超敏反应和异常免疫应答。因此教学内容被重构为四大板块,分别是免疫分子、免疫复合物、免疫系统和免疫调节。

(1)免疫分子(含第 2 部分——抗原;第 3 部分——抗体;第 4 部分——补体系统)

免疫分子及其相互作用是免疫反应发生的分子基础。此板块涉及关键的三大类免疫分子,分别是:能够诱导机体免疫应答并能与相应抗体或 T 细胞受体发生特异反应的"抗原";存在于血清中能特异性结合抗原的"抗体";能参与破坏或清除抗体结合抗原或细胞的"补体"家族分子。

抗原对于机体而言属于"非自身",可分为完全抗原、不完全抗原和超抗原。

完全抗原具有免疫原性和特异反应性，可以是天然的，也可以是人工合成的，需要满足一定分子量大小和分子结构，靠其表面的抗原决定簇与抗体或免疫细胞表面受体结合。

抗体是一种糖蛋白，又称免疫球蛋白，是体液应答的产物，能与抗原特异性非共价结合，引发一系列生物学效应，包括：清除病毒、细菌、毒素的"中和反应"；通过受体介导细胞免疫应答；增强 T 细胞和 NK 细胞的杀伤作用；激活补体介导的溶菌和溶胞作用。

补体系统由一系列蛋白质分子组成，参与破坏或清除与抗体结合的抗原或细胞。补体的功能蛋白彼此相互作用，以连锁反应的方式表现出多种有效的体液及炎症应答的功能。

(2)免疫复合物(含第 6 部分——主要组织相容性复合物和第 7 部分——抗原抗体反应及应用)

在了解上述 3 大类免疫分子的基础上，本板块可进一步学习免疫分子相互作用所形成的免疫复合物在机体免疫应答中的重要作用。

MHC(主要组织相容性复合物)是脊椎动物中一类具有高度多态性，含有多个基因座位，并紧密连锁的基因群。MHC 基因产物主要包含 3 类：表达于所有有核细胞表面的 MHC Ⅰ类蛋白；主要表达于抗原呈递细胞和活化 T 细胞表面的 MHC Ⅱ类蛋白；分布于血清中的可溶性 MHC Ⅲ类蛋白。MHC 的功能包括呈递抗原、T 细胞的发育与识别、免疫应答的遗传控制等。

抗原-抗体复合物存在于抗原-抗体特异性反应中，其应用体现在生物医学的许多方面：多克隆抗体和单克隆抗体是免疫预防和免疫治疗不可或缺的成分，后者的发明获得诺贝尔生理学或医学奖，可见其对现代生物医学的深远影响；基于抗原-抗体反应的检测分析方法应用在生物学、医学、刑侦鉴定等多个场景。

(3)免疫系统(含第 5 部分——组织器官与细胞和第 8 部分——特异免疫应答)

此板块将视角上升至免疫系统，先了解机体免疫器官的组成、免疫细胞的产生和作用，再详细讲述免疫细胞如何介导免疫应答。

机体的免疫系统，不管天然免疫还是获得性免疫，都需要免疫细胞发挥功能。免疫细胞主要在中枢免疫器官产生和发育成熟，并参与循环和转移到外周免疫器官。免疫系统的器官包括初级淋巴器官(如骨髓和胸腺)及次级淋巴器官(如淋巴结、脾、肝和肠道淋巴组织等)。淋巴细胞通过血液和淋巴循环遍布全身，与各种天然免疫细胞共同作用，抵御入侵的病原体。

特异免疫应答由细胞介导、抗原引发，有多种免疫细胞参与：抗原呈递细胞将抗原加工呈递给 T 细胞，活化的 T 细胞分泌免疫分子或进一步激活其他免疫细胞产生免疫效应，维持机体内部的平衡和稳定。

(4)免疫调节(含第 9 部分——免疫调节；第 10 部分——感染免疫；第 11 部分——超敏反应；第 12 部分——异常免疫应答)

在掌握了机体的免疫系统如何发挥功能的基础上，本板块从维持机体正常运作的全局角度，学习免疫调节、抗感染免疫、超敏反应和异常免疫应答的知识。免疫系统三大功能缺一不可：免疫防御、免疫监视和免疫稳定，这需要通过精确的免疫调节来实现。免疫系统功能受多种因素调节，有抗原、抗体调节，细胞相互作用调节及细胞分泌因子的调节等。

抗感染免疫针对不同病原体：细菌、病毒、真菌等，介绍传染病的防治方法，并讲述疫苗制备的原理和种类。

超敏反应又称过敏反应，是机体特殊的免疫应答，能引起组织损伤和免疫功能的紊乱。四种类型的超敏反应发生的原因和代表性疾病是本部分需要重点掌握的内容。

异常免疫应答部分分为：自身免疫应答(机体针对自身组织的免疫反应)；移植免疫(组织移植或器官移植中的异常免疫反应)；肿瘤免疫(涉及恶性肿瘤的发生、免疫系统对肿瘤的识别与杀伤)；免疫缺陷(由于机体遗传基因的缺陷而导致的一种或多种免疫组分的异常)。这部分的内容需要学生对免疫系统的作用机制具有全局性的掌握。

2. 六步法混合式教学模式

六步法混合式教学模式，将学习过程分为线上、线下各三步教学活动，创设开放的互动环境，将个性化学习与小组合作有机结合，师生良性互动，学生积极互促(图 1-4)。

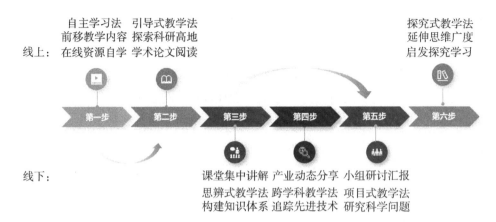

图 1-4　免疫学基础六步法混合式教学模式

第一步，在线资源自学。丰富的在线课程资源，凸显基础科学的广延性和全面性，启发对免疫学现象和机制的思考。

第二步，学术论文阅读。教师推荐顶刊学术论文，学生在线阅读，分享体会，理解基础科学的创新性和实验性，学习解决科学问题的方法。

第三步，课堂集中讲解。用动画、流程和表格呈现知识，将基础课抽象的知识逻辑化、具象化。基于讲解开展思辨式主题教学，为课堂辩论打下基础。

第四步，产业动态分享。学生在课堂上分享感兴趣的产业动态，批判地分析新技术和新产品的优势和不足，将理论知识与产业发展有机结合。

第五步，小组研讨汇报。基于免疫学领域的核心问题，学生分小组完成研究报告，进行课堂汇报。鼓励学生创造性地提出自己的想法，向传统免疫学知识发起挑战。

第六步，启发探究学习。教师点出最新的前沿进展但不深入讲解，学生自行查阅文献，掌握产业前沿发展方向。

线上教学部分，(1)提供丰富的教学资源：免疫学教学视频和讲座、电子书籍、研究论文等，激发学生的思考和讨论；(2)创设互动学习环境：在线论坛、实时聊天工具等方式，教师设定引导性问题，激发学生的学习兴趣；(3)自主学习与反思：鼓励学生进行反思和总结，培养独立思考的能力。线下教学部分：(1)小组研讨汇报，学生分小组围绕设定主题/问题进行研讨，选派代表进行汇报，设计线上线下混合式互动环节，增强学生的参与感和体验感；(2)案例分析与实践操作：教师选取思辨性议题让学生进行课堂辩论、安排操作环节让学生锻炼实践和反思能力；(3)线上线下衔接：教师确保线上和线下教学内容的逻辑连贯性，以便学生更好地理解和掌握知识，提高批判性思维和创新能力。

3. 基于学生画像的全过程多元评价体系

学生画像是基于大数据和人工智能技术，通过收集和分析学生的学习行为、成绩、兴趣爱好等多维度信息，形成的个性化学生形象。基于学生画像的全过程多元评价体系以学生为中心，全面、深入地了解学生的免疫学知识基础、学习态度、思维能力、创新能力等，为教学提供综合性反馈。基于学生画像的全过程多元评价体系不仅采集学生画像，还能生成学生群像。教师通过收集和分析评价结果，能及时了解教学效果和学生需求，合理安排教学策略和方法(图1-5)。

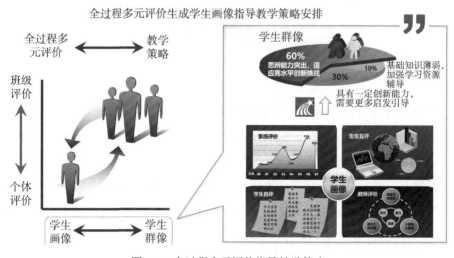

图1-5 全过程多元评价指导教学策略

五、课程实施

以六步法混合式教学模式的第二步"学术论文阅读"(线上)和第五步"小组研讨汇报"(线下)为例展示混合式教学模式的课程实施。

"学术论文阅读"环节中，教师选择与教学内容紧密相关的顶刊学术论文，由学生在线阅读，分享阅读心得和体会。学生可以将阅读笔记上传至网络平台，供其他同学学习分享；也可以在线提出问题并进行互动讨论。在阅读中遇到的困难可以协作探讨攻克。通过学术论文的阅读，紧跟免疫学前沿发展，拓展课本知识(图 1-6)。

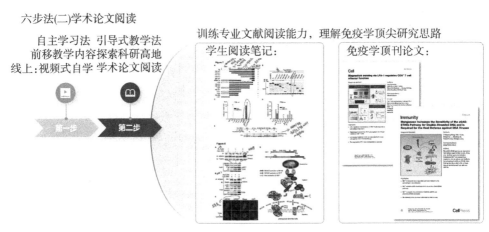

图 1-6 六步法(二)学术论文阅读的课程实施

"小组研讨汇报"环节中，基于若干个免疫学领域的核心问题，学生分小组开展背景调研、信息采集，在获取相关研究进展的基础上形成研究报告，并制作 PPT 由 1 名学生代表进行讲述。其他组学生可提问，报告者进行答复。在课堂讨论的基础上，教师还充分利用课程在线教学平台，鼓励学生们将课堂上由于时间限制没有完成的讨论，转移到在线教学平台的讨论区，从而实现课上课下、线上线下的一体化研讨(图 1-7)。

六、建设成效

课程建设与时俱进，建立完善的线上教学资源，通过线下和线上教学模式相结合，完善了全过程多元评价系统，达到了免疫学基础课程对学生知识、能力和素质目标的培养要求。学生综合能力显著提升，自主学习能力增强。近两年来，课程组教师指导学生参加多项国家级和省级创新创业训练项目，学生获多项全国

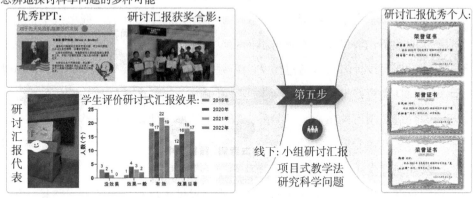

图 1-7　六步法（五）小组研讨汇报的课程实施方案

生命科学竞赛、创新创业大赛和"互联网+"大赛等奖项；课程教学团队的教师也荣获多项教育教学奖励。

课程将一如既往地融入思政元素，引领学生走进科学发现过程深处，探究古今中外免疫学重要科学奥秘，感受科学家一丝不苟科学严谨的精神境界，带着任务拓展中的问题对课程进行深度学习。

"'免疫学基础'线上线下混合式教学模式"数字化教学案例显示，数字技术资源为教师专业发展提供了丰富的资源与工具，教师可充分利用数字技术资源进行个人专业知识学习和教学实践反思，持续探索数字化教学的新方法、新模式，通过实践研究实现专业持续发展，并注重教师共同体的建设。

一是提升学习体验。线上线下混合式教学模式的数字化转型不仅能够更好地适应时代的发展，也能够显著提升学习体验。在这个信息爆炸的时代，数字化转型为课程带来了前所未有的机遇，让学习不再局限于传统的教室和教材，为学生创造了更加丰富多样的学习方式和体验。

数字化转型打破了时空的限制，使得学习可以随时随地进行。传统的课堂教学受限于地点和时间，学生需要前往特定的教室参加课程。而数字化转型后的一流课程，课程内容和学习资源都可以通过互联网随时访问。学生们可以根据自己

37

的时间安排自由学习，无论是在公共交通工具上、家中，甚至是在异地旅行期间，都能够轻松获取学习内容。这种自由度不仅有利于学生更好地安排自己的学习计划，还能够减轻学习压力，提高学习的效率和质量。

数字化转型丰富了学习资源，提供了更多样化的学习体验。线上线下混合式教学模式的数字化转型意味着教材不再局限于传统的纸质书籍，而是可以以多种形式呈现。课程设计者可以通过图文、音频、视频、互动模拟等多种媒体形式来传达知识，从而更好地满足不同学生的学习偏好。这样的多样性能够激发学生的学习兴趣，提高学习的参与度。另外，数字化转型还使得教师能够更好地整合外部资源，引入行业专家、实际案例等，使课程内容更加丰富生动，与实际应用更贴近，从而培养学生的实际能力。

数字化转型也促进了个性化学习的实施，提供了更个体化的学习路径。传统教室中，教师难以针对每个学生的学习习惯、兴趣和能力制定个性化的教学计划。而数字化转型后，通过学习平台的数据分析和人工智能技术，教师可以更好地了解每个学生的学习情况，从而针对性地调整教学内容和进度。这种个性化学习能够让学生在更适合自己的节奏下学习，提高学习效果，降低学习难度。

二是拓展教学辅助工具。线上线下混合式教学模式的数字化转型不仅仅是将传统课程内容搬到在线平台上，更是通过充分利用数字技术，拓展了丰富多样的教学辅助工具，为教育提供了更广阔的发展空间。

数字化转型为线上线下混合式教学模式的教学辅助工具提供了更广泛的选择。传统教学往往受制于时间和空间的限制，难以将丰富的教学资源传递给学生。而通过数字化手段，教师可以借助各种多媒体工具，如视频、音频、动画等，将抽象难懂的概念变得更加形象生动，激发学生的学习兴趣。同时，网络上丰富的开放教育资源也为教师提供了更多的教学素材，帮助他们更好地设计和组织课程内容。

数字化转型加强了个性化教学的可能性。每个学生的学习习惯、兴趣爱好以及学习进度都有所不同，传统教学难以满足他们的个性化需求。而数字化工具可以通过数据分析和人工智能算法，深入了解每位学生的学习情况，为其量身定制学习路径和教学内容。这种个性化的教学方式能够更好地激发学生的学习动力，提高学习效率。

数字化转型拓展了与学生互动的方式。传统课堂上，师生互动有限，学生难以积极参与教学过程。而数字化工具，如在线讨论平台、即时问答系统等，为学生提供了更多表达意见和提出问题的机会。教师可以更及时地回应学生的疑问，促进思想碰撞和深入讨论，从而提升课程的质量。

三是促进个性化学习。线上线下混合式教学模式的数字化转型不仅为教育注入了新的活力，更在促进个性化学习方面发挥了积极作用。个性化学习强调根据学生的兴趣、能力、学习节奏等个体差异，量身定制教学内容和方式，以最大限度地满足每个学生的学习需求和潜能。数字化转型为实现个性化学习提供了强大的技术支持和实施手段。

数字化转型为线上线下混合式教学模式的个性化学习提供了丰富的学习资源。通过数字化平台，学校可以将丰富多样的学习资料、视频、模拟实验等资源提供给学生，学生可以根据自己的兴趣和需求自主选择学习内容，从而激发他们的学习兴趣和主动性。同时，数字化资源的可重复使用性使得教师能够根据学生的不同需求和进展，随时调整教学内容，确保每个学生都能够在适合自己的学习轨道上前进。

数字化转型使得教学变得更是互动性和个性化。通过在线平台，学生可以参与在线讨论、小组合作、实时互动等活动，不再局限于传统的课堂教学模式。教师可以根据学生的表现和反馈，针对性地进行辅导和指导，帮助他们克服学习难题，拓展知识面。同时，教师可以通过学习分析工具获取学生的学习数据，更好地了解他们的学习习惯和特点，从而更精准地设计个性化教学计划。

数字化转型促使线上线下混合式教学模式在评估和反馈方面更加个性化。传统的考试评价可能无法全面准确地反映学生的实际能力和潜力。而通过数字化工具，可以实时监测学生的学习进度和表现，为教师提供更加全面的数据支持，从而制定更有针对性的评价标准。此外，学生也可以在数字化平台上获得即时的反馈和建议，帮助他们更好地了解自己的学习状况，及时调整学习策略。

线上线下混合式教学模式的实际应用效果因学科、课程和学生情况而异，但总体来说，这种模式具有明显的优势和潜力。首先，线上线下混合式教学模式可以提供更加灵活和便捷的学习方式，适应不同学生的学习需求和习惯。通过在线学习和面对面教学的结合，学生可以根据自己的实际情况安排学习进度和方式，充分利用碎片化时间进行自主学习，提高学习效率和质量。其次，线上线下混合式教学模式可以充分发挥教师的主导作用和学生的主体作用。教师可以通过线上和线下的教学手段和资源，引导学生进行主动学习和探索，激发学生的兴趣和创造力。同时，学生也可以通过与教师的互动和与同学的协作，培养自主学习和协作学习能力，提高综合素质。最后，线上线下混合式教学模式可以促进教师自身的专业发展和教学方法的创新。通过这种模式，教师可以不断探索新的教学手段和资源，创新教学方法和手段，提高教学质量和效果。同时，教师也可以通过与学生的互动和交流，了解学生的学习情况和需求，针对性地提供指导和支持。综上所述，线上线下混合式教学模式是一种双赢的教学模式，可以充分发挥学生和教师的优势和潜力，提高教学效果和学习质量。在未来的教学中，这种模式将会得到更加广泛的应用和推广。

第二章　价值·要素·能力

2023 年 5 月，习近平总书记在中共中央政治局第五次集体学习时强调："教育数字化是我国开辟教育发展新赛道和塑造教育发展新优势的重要突破口。进一步推进数字教育，为个性化学习、终身学习、扩大优质教育资源覆盖面和教育现代化提供有效支撑。"全球数字化浪潮同我国高质量发展形成历史性交汇和深层次联动，以数字化赋能教师教育高质量发展不仅契合我国高质量发展的时代主题，推动我国教师教育发展实现新超越，同时也赋予教师专业发展培育大国良师的重要使命。

本章将从立德树人、数字智慧和超越技术三个层面阐述数字化赋能教师专业发展的时代价值、核心要素和创新能力。第一部分"立德树人：数字化赋能教师专业发展的时代价值"论述教书育人作为高校教育的重要职责，事关高校人才培养的质量，事关立德树人根本任务的落实。数字技术的发展，为高校提高教书育人效力创造了条件和平台，对完善高校育人机制、加强高校师德师风建设具有积极意义。第二部分"数字智慧：数字化赋能教师专业发展的核心要素"论述教师充分利用信息技术和数字工具，如大数据分析、人工智能和云计算等，从教学创新、学习个性化、科研拓展以及教师合作等方面，提升教育教学效果、管理效率和学术研究水平的能力。第三部分"超越技术：数字化赋能教师专业发展的创新能力"论述数字化教育通过整合先进的信息技术和教育方法，为高校教师提供了广阔的发展空间和丰富的教学资源，对于促进其专业能力的提升具有多方面的影响，教师可以跨越地域和领域的限制，参与全球范围内的教育创新实践，不断探索、尝试新方法和思维方式，从而不断丰富自己的创新经验和提升创新能力，以适应不断变化的教育环境和学生需求。

第一节 立德树人：数字化赋能教师专业发展的时代价值

在数字化快速发展的时代，教育被赋予了更为重要的使命，即培养学生成为全面发展的人才。在这个过程中，"立德树人"成为中国教育的核心理念，强调不仅要传授知识，更要培养学生的品德和人格。数字化技术的广泛应用为教师专业发展提供了新的机遇，数字化赋能不仅提高了教学效果，也为实现立德树人的目标提供了更为有效的手段。

一、数字教育赋能立德树人的逻辑理路

2017 年，教育部党组印发的《高校思想政治工作质量提升工程实施纲要》①将"课程育人、科研育人、实践育人、文化育人、网络育人、心理育人、管理育人、服务育人、资助育人、组织育人"作为基本任务构建"十大"育人体系，总体目标是："坚持以习近平新时代中国特色社会主义思想为指导，紧紧围绕统筹推进'五位一体'总体布局和协调推进'四个全面'战略布局，坚持和加强党的全面领导，充分发挥中国特色社会主义教育的育人优势，以立德树人为根本，以理想信念教育为核心，以社会主义核心价值观为引领，以全面提高人才培养能力为关键，强化基础、突出重点、建立规范、落实责任，一体化构建内容完善、标准健全、运行科学、保障有力、成效显著的高校思想政治工作质量体系，形成全员全过程全方位育人格局，切实提高工作亲和力和针对性，着力培养德智体美全面发展的社会主义建设者和接班人，着力培养担当民族复兴大任的时代新人，不断开创新时代高校思想政治工作新局面。"

2020 年，教育部印发的《高等学校课程思政建设指导纲要》②通知，明确指出

---

① 高校思想政治工作质量提升工程实施纲要（教党［2017］62 号）［EB/OL］.（2017-12-04）［2023-10-19］. http://www. moe. gov. cn/srcsite/A12/s7060/201712/t20171206 _320698. html？ eqid = c8a0b4a5002513930000000066485467e。

② 高等学校课程思政建设指导纲要（教高［2020］3 号）［EB/OL］.（2020-05-28）［2023-10-19］. http：//www. moe. gov. cn/srcsite/A08/s7056/202006/t20200603 _462437. html？ eqid = bd988cfd0003ee5500000003642e6a65。

"把思想政治教育贯穿人才培养体系，全面推进高校课程思政建设，发挥好每门课程的育人作用，提高高校人才培养质量"。全面推进课程思政建设是落实立德树人根本任务的战略举措。培养什么人、怎样培养人、为谁培养人是教育的根本问题，立德树人成效是检验高校一切工作的根本标准。落实立德树人根本任务，必须将价值塑造、知识传授和能力培养三者融为一体、不可割裂。全面推进课程思政建设，就是要寓价值观引导于知识传授和能力培养之中，帮助学生塑造正确的世界观、人生观、价值观，这是人才培养的应有之义，更是必备内容。这一战略举措，影响甚至决定着接班人问题，影响甚至决定着国家的长治久安，影响甚至决定着民族复兴和国家崛起。要紧紧抓住教师队伍"主力军"、课程建设"主战场"、课堂教学"主渠道"，让所有高校、所有教师、所有课程都承担好育人责任，守好一段渠、种好责任田，使各类课程与思政课程同向同行，将显性教育和隐性教育相统一，形成协同效应，构建全员全程全方位育人大格局。

数字教育赋能立德树人，已然成为新时代全方位育人的一项重要内容。从人才培养的视角来分析，开展数字教育与培养学生应该紧密结合，不可须臾分离；从价值尺度上来衡量，人的价值高于其他价值，高校的运作机制应该围绕提升人的价值来开展活动，所以立德树人是高校人才培养的根本任务。数字教育突破了以往教学和育人分离的范畴，进一步强调数字化在培养德智体美劳全面发展的学生中的价值，通过对知识传授、知识创造进行的有机融合，实现了人才培养与教育教学的良性循环和跨界融合。

数字教育与现实生活世界的关系，主要体现在以人为主体的社会实践上，科学认知对客观事物的推理和判断建立在人的基础之上，人是全部人类活动和全部人类关系的本质，数字教育的过程也是如此，即通过实践主体的人使得研究对象以认知过程和实践过程的自然呈现。在人类文明发展历程中，人类运用符号创造了科学，同时把整个人类的成长和发展的经验融合其中成为一个整体。在人类文化高度发展的今天，科学传承主要通过学校教育来完成，以蕴涵在科学中的哲学思想通过科学符号与学生日常生活实际建立有机联系、引导学生逐步理解科学内在意义的同时，拓宽高校思想教育内容，创新高校思想教育载体，培养大学生科技创新能力，引导一代又一代的人走向文明。

二、数字教育赋能立德树人的价值意蕴

科学教育的生命观以科学与生命相互融合为基础，折射出科学研究回归"生命"本质的现实价值。人的本质规定和发展逻辑赋予人的生命价值实现的无限可能，科学与人的价值贯通赋予科学教育实现人的生命价值的无限可能。理想的科学教育应该将科学的快乐传递给个体，使个体在学习科学、感知科学、实践科学的过程中享受科学带来的智力满足和身心愉悦。科学教育以培养个体理性精神为主要任务，强调在科学知识学习和探究过程中有意识地培养个体的理性思维、批判意识和求真态度，构建基于个体理性认知对客观存在的完整科学图景，以此展现科学教育对实现人的生命价值的特殊意义，实现数字教育对人才培养的既定目标。

数字教育是指高校广大科研工作者在从事科研工作中对大学生产生的有益帮助和积极影响。数字教育，从字面理解即是通过有效的科研活动达到培育、培养人才的目的。更确切地说，一方面是指在教学过程中充分引入数字教育活动，重视对学生数字教育兴趣的培养；另一方面是指通过组织和引导学生参与数字教育活动，进一步拓展学生的数字教育视野，使学生的数字素质得到提升。通过这种理论联系实践的方式，激发学生的数字热情，提高学生的创造能力和创新意识。由此可见，数字教育的内涵即是指导学生开展数字化学习方式，使学习通过严谨的数字教育训练汲取知识、磨炼意志、塑造品格。

高等教育的每一个学科都具有其相应的育人价值。培根在《论读书》中写道："读史使人明智，读诗使人灵秀，数学使人周密，科学使人深刻，伦理学使人庄重，逻辑修辞之学使人善辩，凡有所学，皆成性格。"[1]不同的学科对于人的成长和发展发挥不同的作用。要实现高等教育的育人价值，首先要认真地分析本学科对于学生而言独特的发展价值。新工科、新医科与新农科有异曲同工之处，都是面向新一轮科技革命，扎根中国大地，推动学科和产业变革、促进新经济发展、培养时代新人。新医科建设着力实现从治疗为主到生命全周期、健康全过程的全覆盖，积极探索医科与其他学科专业交叉融合，特别是推动"工医"深度结合，

---

① Of Studies[M] Francis Bacon. https：//www.hjenglish.com/new/p429386/.

推进"医学+X"多学科背景的复合型创新拔尖人才培养。新农科建设以强农兴农为己任，重点瞄向绿色生态产业，推动以现代生物科技改造传统农林专业，多途径强化实践教学平台建设，创新科教结合协同育人机制，积极探索"农+X"多学科复合型人才培养新模式。新文科本质上是坚持价值引领、守正创新，形式上是推进现代信息技术与传统文科专业、文科与理工农医科专业的深度交叉融合，注重用中国理论阐释中国发展道路，以马克思主义为根本指导思想和方法论，总结中国模式和中国经验培养新型人文社科人才。

教师是立德树人的教育主体。数字化意识能够帮助教师认识到数字教育的价值和重要性，提高主动开展数字教学的意愿，帮助教师克服数字教育过程中遇到的问题，提高对数字教育的信心。确保教师具有一定的数字技术知识储备，熟练掌握数字育人技巧，能够使用数字技术进行教学设计、教学指导、教学评价和协同育人，保证教师在数字教育中能够得心应手。提高教师的数字道德水平，遵守相关法律法规，保护个人信息和隐私，注重数字安全防护，通过数字教育传播社会正能量。加强数字化学习和研修，运用数字技术开展创新教学，在积极的学习和教学反思中提高教师的教学质量，并通过提高教师数字教育的质量和水平，促进教师进行知识转化和创新，发挥立德树人的积极作用。

三、数字教育赋能立德树人的创新通道

立德树人是教育的根本任务，数字化技术为实现这一目标提供了新的途径。数字化教育不仅仅是传递知识，更是培养学生的创新能力、批判思维和道德情感。教师通过数字化技术可以更加个性化地指导学生，关注每个学生的发展需求，帮助他们树立正确的人生观和价值观。数字化教育也能够创造更加开放的教学环境，鼓励学生在思想、文化等方面的多元发展，从而培养更全面的人才。数字教育为教育提供了全新的创新通道，推动了教书育人工作的全面升级，数字化技术正在深刻改变着教师的专业发展。

首先，数字化技术提供了多样化的教学手段。传统的课堂教学模式在一定程度上受到时间和空间的限制，难以满足多样化的教学需求。而数字化技术则可以通过网络课堂、在线学习平台等手段，实现跨时空的教学。高校教师可以通过录制课程视频、设计在线互动课程、制作教学动画等方式，更好地激发学生的学习

兴趣，提高教学效果。同时，数字化技术还为个性化教学提供了支持，教师可以根据学生的学习特点和进度，有针对性地进行教学安排，帮助每个学生都能得到更好的发展。

其次，数字化技术促进了师生之间的交流互动。在传统教学中，师生之间的交流多限于课堂时间，而数字化技术打破了这种限制。教师可以通过电子邮件、即时通信工具、在线讨论平台等与学生保持密切联系，随时解答他们的疑问，指导他们的学习。这种互动不仅使学生感受到了更多的关心和支持，也有助于建立起良好的师生关系，促进道德品质的培养。

再次，数字化技术丰富了信息获取渠道。立德树人不仅要求学生具备良好的道德情操，还需要他们具备广博的知识和开阔的视野。数字化技术使得教师可以更方便地获取各种学术信息、教育资源和文化资料，为教学提供更多的素材。教师可以通过网络数据库、数字图书馆、在线期刊等渠道，及时了解最新的研究成果和教育动态，从而更好地引导学生跟上时代的发展。

最后，数字化技术为道德教育提供了创新途径。数字化技术不仅可以用于传授知识，还可以通过虚拟现实、情景模拟等方式，让学生身临其境地感受道德抉择的重要性。教师可以设计道德冲突的情境，引导学生进行讨论和思考，培养他们的道德判断力和责任感。同时，数字化技术还可以通过制作道德教育微课、互动游戏等形式，将抽象的道德观念变得更加具体生动，让学生更容易理解和接受。

总之，数字化技术在高校教师立德树人中发挥着不可替代的作用。它不仅丰富了教学手段，促进了师生交流，也为信息获取和道德教育提供了新的途径。教师在应用数字化技术的过程中，一方面需要充分考虑教育目标和学生需求，在价值维度上与教师的专业成长互促互进，增强学习者的获得感、幸福感与成就感；另一方面，在技术维度上需要合理选择相应的数字化手段，确保立德树人的目标得到更好的实现。

数字教育是一种教育行为，能够促进高校实现全员育人；数字教育是一种历史责任，能够强化高校教师的育人意识；数字教育是一种目标导向，能够激励大学生的科技创新行为。简而言之，数字教育是一种有目标、有责任、有意识的教育引导，它将数字化与人才、数字化与人生、数字化与育人合纵连横，形成培养大学生综合素质和创新能力的有效方式。数字化技术为教师的专业发展带来了新的机遇和挑战，同时也深刻影响着教育的方式和目标。立德树人作为教育的根本任务，在数字化时代更加需要教师的引领和指导。我们有理由相信，在数字化赋能的时代，教师将以更高的热情和使命感，为培养德智体美劳全面发展的社会主义建设者和接班人贡献更大的力量。

第二节　数字智慧：数字化赋能教师专业发展的基本要素

教师作为教育教学的核心成员和主要实施者，是教育数字化转型的发展和变革的核心要素。教育数字化转型视域下，教师知识随着数字化转型不断变革发展。数字智慧是指教师充分利用信息技术和数字工具，如大数据分析、人工智能和云计算等，在智慧教学环境下嵌合数据知识的学科教学知识，提升教育教学效果、管理效率和学术研究水平的能力。

一、整合数字智慧的优化改革布局

在高等教育领域，数字智慧逐渐成为教师专业发展的关键驱动力。数字智慧从教学创新、学习个性化、科研拓展以及教师合作等方面，为教师发展开启了"精准教学—个性发展—科研产出—合作交流"的优化改革布局。

首先，数字智慧促进了教学创新。传统的课堂教学模式逐渐显现出局限性，而数字智慧为教师提供了创新的教学手段和工具。通过在线教学平台，教师可以设计多样化的教学内容，包括视频讲解、互动课堂和虚拟实验等，从而激发学生的学习兴趣，提升教学效果。数字智慧还支持教学评估，通过数据分析，教师可以了解学生的学习情况，及时调整教学策略，实现更加精准的教学。

其次，数字智慧能推动个性化学习。每个学生的学习特点和进度都不同，传统的集中授课难以满足多样化的学习需求。而数字智慧技术可以根据学生的学习数据和表现，进行个性化的学习推荐和辅导。教师可以利用学习分析工具，深入了解学生的学习习惯和困难点，为每位学生量身定制学习计划，提高学习效率和质量。

再次，数字智慧拓展了教师的科研领域。高校教师的科研工作对于提升学校学术声誉至关重要。数字智慧为科研提供了强大支持，从文献检索到数据分析，从模拟实验到科研合作，数字工具使科研流程更加高效精准。例如，利用大数据分析，教师可以挖掘出研究领域的新趋势和新问题，指导科研方向的选择；利用人工智能技术，可以加速实验数据的处理和模型的优化，提升科研成果的产出率。

最后，数字智慧促进了教师之间的合作与交流。传统的教师交流常常局限于学术会议和面对面的讨论，而数字智慧打破了时间和空间的限制。教师可以通过在线平台分享教学经验、研究成果和教材资源，从而在全球范围内进行深入的合作与交流。数字智慧也为跨学科合作提供了便利，不同领域的教师可以依托数字技术共同开展研究项目，推动学科交叉融合。

数字智慧对高校教师专业发展具有重要的意义。它不仅提升了教学创新和学习个性化水平，也推动了科研拓展和教师合作的广度和深度。随着数字技术的不断演进，教师需要不断提升自己的数字素养，充分利用数字智慧的力量，为高校教育的未来发展贡献更多的智慧和创新。

二、实现数字智慧的在线技术要素

高校数字化改革首要任务之一是教育教学的数字化转型。随着时代的进步和技术的飞速发展，技术更新的压力给教师带来了适应数字化教学模式，掌握相关技术，为学生提供优质教育的专业发展要求。高校数字化改革的目标是通过整合先进技术，优化教育、管理和服务，为师生创造更为便捷、高效和创新的学习环境。

现代教育已逐步从传统的面授式转变为以在线教育为特点的混合教学模式。高校应利用各种数字化工具，如在线课程平台、虚拟实验室和远程教学技术，创造灵活多样的教学体验。这不仅能够满足不同学习风格的学生需求，还能够为师生创造全球范围内的学习机会。其次，高校数字化改革需要加强科研创新平台的建设。现代科研已越来越依赖于大数据分析、人工智能等技术手段。高校可以通过建立高性能计算中心、开放式科研数据库以及协同工作平台，促进不同领域的科研人员合作，推动创新研究成果的产生。

在线资源载体在构建和运营过程中涉及多种技术应用，这些技术不仅提升了平台的性能和稳定性，还增强了用户体验和学习效果。云计算技术为在线资源载体提供了弹性可扩展的计算和存储资源。通过云服务器、云存储和云数据库等服务，平台能够轻松应对高并发访问和大量数据存储的需求，确保平台的稳定运行。大数据技术用于收集、存储和分析用户的学习数据和行为数据。通过对这些数据的挖掘和分析，平台能够了解用户的学习偏好和需求，从而为用户提供个性化的学习资源和推荐。人工智能技术是实现个性化学习路径的关键。通过机器学习、深度学习等技术，平台可以对用户的学习数据进行智能分析，并基于分析结果生成符合用户学习特点的学习路径和资源推荐。多媒体技术用于处理和展示各种形式的学习资源，如文本、图片、音频和视频等。通过优化多媒体资源的编码和传输技术，平台可以提供高质量的学习体验，确保用户能够流畅地访问和学习资源。在线资源载体还需要支持用户之间的交互和协作，这包括实时通信技术（如 WebRTC）用于实现在线讨论和问答功能以及协作编辑技术用于支持多人共同编辑文档或项目。保护用户数据和平台安全至关重要。因此，安全技术也是在线资源载体不可或缺的一部分。这包括数据加密技术、访问控制技术、防火墙技术等，用于保护用户数据不被泄露或滥用，并确保平台的稳定运行。在线资源载体通过综合运用云计算、大数据、人工智能、多媒体、交互与协作以及安全等多种技术，为用户提供了高效、便捷、个性化的在线学习体验。这些技术的应用不仅提升了平台的功能和性能，还推动了在线教育行业的创新和发展。

面对在线技术要素带来的机遇与挑战，教师应积极拥抱新技术，不断提升自己的数字化专业能力，探索适应在线教学的新模式和新方法，以更好地满足学生的学习需求，推动教育教学的创新发展。在线技术为教师提供了丰富的教学资源和平台，如在线课程、虚拟实验室、教育应用等，有助于教师突破传统教学的限制，创新教学方式，提升教学效果。借助大数据、人工智能等技术，教师可以更好地分析学生的学习行为、兴趣和需求，从而制定个性化的教学方案，满足不同学生的需求，提高学生的学习兴趣和积极性。在线技术使得师生之间的交流和互动更加便捷和高效，如通过在线问答、实时互动等方式，教师可以及时了解学生的学习情况，解答学生的疑惑，增强师生之间的沟通和信任。同时，教师需要不断提升自己的技术应用能力，掌握在线教学平台的操作技巧，了解新兴技术的发展趋势和应用场景，以便更好地将技术融入教学中。在线技术的发展要求教师不断创新教学模式，打破传统的教学思维，尝试新的教学方法和手段，这对教师的创新能力和探索精神提出了较高的要求。在线教学环境下，教师需要加强对教学质量的管理和监控，确保教学过程的规范性和有效性，关注学生的学习进度和效果，及时进行调整和优化。

三、共享数字智慧的协同发展要素

可持续发展的数字化转型需要高校教师具备一定的全要素、全流程、全业务和全领域的协同发展要素和能力，各要素之间在数字化的演进过程中作出适应性调整，协同发展，共享教师专业发展的数字智慧。

1. 数字素养水平

数字素养是教师实现数字智慧的基础。高校教师需要具备的数字素养是指他们在信息化时代应掌握的一系列数字技能和思维方式。首先，高校教师应具备信息搜索和筛选的能力。随着互联网的发展，大量信息充斥着网络，教师需要具备判断信息真实性和可信度的能力，以从海量信息中提取有价值的内容。其次，高校教师需要熟悉教育技术工具的应用。数字化教学平台、在线课堂、教学管理系统等工具正逐渐融入教学过程。教师应了解并熟练运用这些工具，以提供更丰富多样的教学体验，促进学生的学习效果。此外，数据分析能力也是数字素养的重要组成部分。教师可以通过收集学生的学习数据和反馈，进行深入分析，了解学生的学习习惯和困难，从而更好地调整教学方法，实现个性化教育。

数字素养还包括远程合作和沟通的能力。在全球化时代，跨地域的合作变得普遍，教师需要能够利用数字工具进行远程协作，与同行进行交流，分享教学经验和研究成果。另一方面，高校教师须具备知识产权和信息安全意识。在数字环境下，知识产权和信息泄露问题变得更为突出，教师应该了解相关法律法规，保护自己和学生的合法权益。

高校教师需要具备的数字素养不仅是技术层面的能力，更包括信息处理、教育创新、合作沟通、伦理意识等多个方面。这些素养有助于教师更好地应对数字化教育带来的挑战和机遇，提升教育质量，培养出适应未来社会需求的优秀人才。

2. 教学设计能力

高校教师数字化转型的教学设计能力包括课程设计、在线教学策略、多样化教材运用、教学数据分析等多方面的知识和技能。这些能力的提升将帮助教师更好地适应数字化教育环境，提供优质的教学体验，促进学生的有效学习。

数字化教育需要精心设计的教学方案。教师应该能够根据课程目标和学生特点，合理选择和整合数字工具，设计出富有互动性和启发性的教学内容。

高校教师数字化转型所需的教学设计能力是指他们在数字化教学环境中，能够有效地规划、设计和组织教学活动的能力。这一能力涵盖了多个方面，首先是课程设计能力，教师需要根据课程目标和学生需求，将传统教学内容转化为适应数字化平台的形式，选择合适的教材、多媒体资源和互动元素。其次，教师需要具备在线教学策略的能力，包括如何引导学生进行远程学习，激发他们的兴趣，保持课堂互动，以及灵活应对技术故障等情况。教师还需掌握在线评估与反馈的方法，确保学生获得及时的学习指导和评价。

教学设计能力还需要涵盖教材的多样性和可访问性，教师应当能够创造性地利用不同类型的数字资源，满足不同学生的学习需求，关注教育的包容性。此外，教师需关注教学过程的数据分析与改进。通过数字化工具收集学生的学习数据，分析学生的表现和需求，从而调整教学策略，实现个性化教学。

3. 学生驱动学习

高校教学数字化转型中，学生驱动的学习过程成为一个重要的发展趋势。这种模式强调学生在教育中的主动性和参与度，充分利用数字技术，为学生提供个性化、灵活的学习体验。

首先，学生在数字化学习中拥有更大的自主权。他们可以根据自己的兴趣、学习风格和节奏选择课程内容和学习路径。在线学习平台为学生提供了丰富多样的课程资源，包括视频讲座、互动教材、在线讨论等，学生可以根据自己的需要自由选择学习材料，从而增强了学习的个性化和灵活性。其次，数字化转型使学生的学习增加了互动性和参与性。通过在线讨论、社交媒体平台和虚拟协作工具，学生可以与同学、教师和专家进行实时互动，共同探讨问题、解决难题。这种互动促进了学生之间的合作和交流，拓展了他们的视野。此外，数字化工具还可以帮助学生更好地管理和组织学习。学生可以利用时间管理应用、笔记软件和在线日历来规划学习进度，提高学习效率。同时，他们还可以通过在线测验和作业提交系统实时了解自己的学习成果，及时调整学习策略。

最重要的是，数字化学习促使学生发展更多的自主学习能力。在这个过程中，他们需要更多地依赖自己的判断和决策，培养问题解决能力、批判性思维和信息素养。通过解决实际问题、参与项目和开展研究，学生可以在实践中不断成长。高校教学数字化转型中的学生驱动学习过程，强调学生的自主性、互动性和自主学习能力的培养。这种模式不仅提供了更灵活多样的学习方式，也为学生的综合素质发展创造了更多机会。教师在学生驱动的学习中扮演着重要角色，引导和支持学生的学习，确保他们在数字化学习中取得良好的效果。

4. 数据驱动教学

数字化驱动的高校教学改革策略是当今教育领域中的一个重要课题，旨在借助信息技术的力量，提升教学效果、培养创新人才，适应社会发展需求。

首先，在教学内容方面，数字化驱动的改革策略鼓励高校将课程内容数字化、在线化。教师可以利用多媒体资源，如视频、音频、图像等，创造生动的教学环境，增强学生的学习兴趣。同时，数字化的平台还可以使教材、课件等教学资源更加丰富和便捷，教师可以根据学生的学习进度和需求，随时更新教材内容，确保教学内容与时俱进。此外，高校可以推动跨学科的教学模式，通过数字化平台整合不同学科的资源，为学生提供更广阔的知识视野。

其次，在教学方法方面，数字化驱动的改革策略强调学生参与和互动。传统的一对多授课模式正在被取代，数字化技术使得个性化、定制化教学成为可能。教师可以通过在线讨论、协作平台、虚拟实验等方式，激发学生的思维，培养他们的创新能力和问题解决能力。此外，数字化平台还能够实现教学过程的数据化分析，教师可以根据学生的学习数据，精准地调整教学策略，满足不同层次、不同需求的学生。

最后，在教学评估方面，数字化驱动的改革策略提倡多元化的评估方式。传统的考试评价已经不能全面地反映学生的综合能力，数字化技术为教学评估带来了新的可能性。通过在线测验、作业提交、项目展示等方式，学生的学习过程可以被更全面地记录和评价。同时，数字化平台的数据分析功能也可以帮助教师更好地了解学生的学习情况，及时发现问题并进行干预。

数字化驱动的高校教学改革策略在教学内容、教学方法和教学评估方面都带来了巨大的创新和变革。这一策略不仅可以提升教学质量，培养更具创新力和实践能力的人才，也能够使高校更好地适应信息化时代的发展趋势。同时，数字化驱动的高校教学改革策略也需要注意教育技术的合理应用，避免过度依赖技术，保持人文关怀和教育情感的传递，以确保数字化教育的成功实施。

数字智慧已经成为教师专业发展的关键要素，它不仅提供了更多的教学手段，还激发了教育的创新活力。实现数字智慧需要教师具备数字素养、教学设计能力、学生驱动的学习、数据驱动的教学以及掌握相关技术等关键要素。只有在不断学习和实践中，教师才能真正掌握数字智慧，将其应用于教育实践中，为学生提供更加优质的教育体验。随着数字化教育的深入推进，数字智慧也将在教育领域发挥越来越重要的作用。

第三节　超越技术：数字化赋能教师专业发展的创新能力

数字化技术的广泛应用正在重新定义教育的方式和形态，数字化赋能教师专业发展的创新能力是教育领域的当务之急。教师不仅需要掌握数字化技术，更要在技术的基础上培养创新的思维和能力，不断探索适应时代变革的教育模式，从而超越技术本身，实现教育教学专业发展能力的真正提升。

一般来讲，教师数字化创新能力是指教师创造性地发现、提出、分析和解决问题的能力，是教师运用数字化知识和理论，在各种教学实践活动领域中不断提供具有经济价值、社会价值、生态价值的新思想、新理论、新方法的能力。对于当前的高校教师来说，其数字化创新能力是指在其平时的课堂教学方式和方法、对学科进行相关科研探索等方面发现问题、提出问题、解决问题等相关的能力。

教育大数据对教师的知识和能力构成提出了更高水平的要求，促使教师在教育教学实践中能够准确识别和获取教育数据，具备数字化生存与适应能力、教育教学研究能力、教师专业发展终身学习能力、教育教学创新实践能力，同时需实现高效、精准的教育决策，从而提高教育教学的效果。数据驱动教学的发展，促使着教师超越传统教学经验的表象，实施基于证据的教学实践，迎合智能时代精准教学的内在要求。

一、数字化赋能教师专业发展的创新策略

数字化赋能与教师专业发展的融合，正在引领教育领域的一场革命。随着科技的迅猛发展，数字化技术正在深刻地改变着教育的方式与内容，而教师专业发展也在这一趋势下得以升华。数字化赋能已经成为现代教育的一项关键策略。

智能技术融入教学环境策略。教室内的数字工具，如电子白板、在线教学平台和虚拟实验室，使得教学过程更加生动有趣，并且能够满足不同学生的学习风格和需求。教师可以利用这些工具创造性地设计课程，使学生更好地理解抽象概念，培养解决问题的能力。同时，数字化工具也使得教学内容能够更加多样化和个性化，帮助学生在自己的兴趣领域发展。例如，通过在线学习平台，学生可以根据自己的兴趣选择课程，而教师则可以根据学生的学习数据和表现进行精准的辅导和指导。

数字化工具融入教师在线培训策略。对于教师而言，数字化赋能也是一次全新的专业发展机遇。教师可以通过在线培训课程、网络研讨会以及教育科技公司提供的专业资源，不断拓展自己的知识和技能。数字化技术也为教师提供了更多的合作和分享平台，他们可以通过社交媒体、教育社区等与全球范围内的教育者互动交流，分享教学经验和教育理念，从而丰富自己的教育观念。此外，数字化工具还能够帮助教师更好地跟踪学生的学习进展，及时调整教学策略，提供个性化的学习支持。

数字素养融入教师知识发展策略。教育数字化转型下的教师知识发展，体现在数据驱动促进智能时代教师知识融合，这一过程是教师超越传统教育经验、形成对教育数据的理解和应用的实践范式的转型。从实践价值审视，从学习者、教学媒体、教学内容、学习者逐渐产生的各种有关"教"和"学"的教育和学习数据，使得教师能够融入传统的教学经验、教学技能、学科理解和教育智慧，从而促进教师实施精准化和个性化的教学。教育数据驱动，或者说基于数据的课堂教学实

践。从数据科学的视角审视，能够使得难以描述、隐性发生的教育规律"显性化"，具有潜在价值的教育规律也能够进一步凸显，这一过程能够帮助教师深度理解教育发生的过程和机制。借助各种教育数据挖掘、分析技术，网络在线环境、现场教育环境中产生的教学和学习数据，可以被"翻译"和"解释"成具有潜在价值的教育信息，辅助教师调整教学方案、进行全面的教育评估、施行科学和精准教育决策的重要依托，为学习者学习计划的制定、学习资源和学习路径的推荐提供支持，这些方式促进了数据驱动教学范式的来临，引领智慧教学环境下教师学科教学知识融合发展。

总的来说，数字化赋能与教师专业发展的融合正在深刻地改变着教育生态。通过数字化工具和技术，教师可以更加创新地开展教学活动，提升学生的学习体验。与此同时，教师也在不断提升自己的专业素养，不断更新自己的知识，以适应新的工具和平台。然而，要实现数字化赋能与教师专业发展的融合，需要教育机构、政府以及教育从业者共同努力，建立完善的培训体系和政策支持，以确保每位教师都能够从中受益，为学生提供更好的教育。

二、数字化赋能教师专业发展的创新路径

数字化技术的蓬勃发展为教育注入了新的活力。虚拟现实、人工智能、大数据分析等技术正在赋能教学过程，打破了传统教育的时空限制，提供了更丰富的教学手段和资源。然而，技术仅仅是手段，要实现真正的教育创新，需要教师具备创新的能力。数字化赋能教师专业发展的背景涵盖了多个方面的因素，这些因素共同推动着教育领域的变革和提升。

教师自主学习路径。数字化赋能为教师提供了便捷的专业发展途径，线上学习平台、教育社交网络等数字化渠道为教师提供了灵活的学习机会，无论时间和地点都能参与专业培训和知识更新。教师可以根据自身需求选择合适的课程，自主提升专业素养，不断适应教育变革的需求。2022 年，教育部启动了国家智慧教育平台，汇聚课程改革、精品课程、备课资源、教改经验等多种资源，为我国教师高质量自主选学和培训活动提供了无差别普惠性和开放性的学习机制。

教师自我改进路径。智能技术直面教师课堂实践，实时捕捉师生多模态数据，通过基于教与学规律构建的语言、行为、思维以及互动等课堂分析模型形成

课堂分析报告，实现从课堂事件到理解教师的便捷转换，提升了教师发展问题的诊断力。例如，大数据深度学习空间通过对多名教师的课堂录像进行切片、对比与归类，可以挖掘某一特定群体中存在的普遍、隐性问题，为指导者们分析与干预提供重要抓手。

教师虚拟场景路径。虚拟现实、扩展现实、元宇宙等技术构建和应用场景已成为当前支持教师专业发展的新趋向，例如美国 Sim-school、德国 Breaking Bad Behavior 等平台都在创造沉浸式场景，以此帮助教师练习课堂管理技能。这些场景在促进学习者认知理解、经历体验等方面体现出较大潜力，在呈现形态上越来越具有沉浸式与交互性特征。沉浸式场景通过重现教育现场和人物互动，有助于教师在真实或拟真教学情境中思考，亲身体验，以此丰富新理论与新方法带来的实践意义，积累面对复杂挑战的经验储备，从中发展实践智慧，提升面对复杂教育实践的能力。

教师数字画像路径。大数据、可穿戴设备技术的快速发展，为教师的教研行为、线上线下学习痕迹、教与学成果等动态变化情景性数据提供了测量工具，构成分析和监测教师的基础信息、个性特征等相对稳定数据，加速了教师画像的实现与应用。教师画像客观、全面地表征教师实践状态和专业发展的成效，通过描述、诊断、分析、预测、干预等阐释教师学习与发展规律，对教师发展状态进行全方位表征和刻画，在此基础上发现和理解需求，进而对教师专业发展进程和成效进行预测并实施干预。

数字化赋能教师专业发展的创新路径正在重塑教师发展的生态环境。教师自主学习路径赋能教师终身学习和发展，教师自我改进路径探索教师的学习规律，教师虚拟场景路径提供沉浸式学习资源，教师数字画像路径记录交互视频模块。教师只有通过适应数字化趋势，不断提升自身素养，才能更好地适应教育领域的变革，为学生提供更优质的教育体验。

三、数字化赋能教师专业发展的创新能力

数字化赋能虽然提供了丰富的教学手段，但要真正提升教育质量，仍然需要教师具备创新的能力。教育不仅是知识的传递，更是培养学生的创新思维、解决问题的能力。因此，教师自身的创新能力尤为重要。通过数字化平台，教师可以

跨越地域和领域的限制，参与全球范围内的教育创新实践，从而不断丰富自己的创新经验。创新能力是教师不断探索、尝试新方法和思维方式的能力，以适应不断变化的教育环境和学生需求。

跨地域和跨文化交流能力。数字化赋能扩展了教师获取知识和信息的渠道。互联网和数字技术使得教师可以轻松获取全球范围内的教育研究、最佳实践和教学资源。教师可以通过在线课程、教育平台、社交媒体等途径，与同行交流经验，与世界各地的教育者合作开展跨国项目，了解最新的教育趋势和方法，从而激发出更多的创新点子，提升国际视野和跨文化交流能力。

数字化技术运用能力。数字化赋能提供了更多的教学工具和技术，帮助教师更好地满足多样化的学生需求。例如，虚拟现实和增强现实技术可以创造沉浸式的学习体验，激发学生的兴趣，创建逼真的实验环境，让学生在虚拟世界中进行实验操作，提升实验教学的效果和安全性；个性化学习平台可以根据学生的不同学习风格和水平，量身定制教学内容。教师通过运用这些工具，可以设计更具吸引力和效果的教学方案，提高教学的创新性和灵活性。

个性化教学设计能力。数字化赋能提供了更多的数据支持，帮助教师进行教学效果的监测和优化。教育技术可以收集学生的学习数据，分析他们的学习进度和表现，为教师提供有针对性的反馈。教师可以根据这些数据调整教学策略，借助大数据分析，更好地了解每个学生的学习情况和特点，从而进行个性化的教学设计，满足学生的不同需求，提升教学效果，从而形成更具创新性的教育实践。

跨学科和跨领域的教学创新能力。数字化赋能也鼓励教师在教学中实践跨学科和跨领域的创新。数字化技术将不同学科领域的知识和概念联系起来，数字化平台提供了丰富的在线课程资源，教师可以随时随地进行专业知识的学习和更新。教师可以设计跨学科的课程，培养学生的综合素养。例如，可以通过数字工具将数学与艺术相结合，培养学生的创造力和问题解决能力。这种创新教学不仅能够丰富学生的知识体验，也能够激发教师不断探索的动力。

数字化技术在教育领域的应用不断拓展，为教师提供了丰富的工具和资源，极大地促进了教师创新能力的培养与发展，为提高教学质量和效率提供了新的可能性。培养教师的数字化应用创新能力是促进教育现代化发展的关键一步，可以从以下几个方面开展：

一是提供全面的数字化知识培训。教师应了解常用的教育技术工具、在线教学平台以及数字资源的应用方法。组织定期的培训课程，引导教师熟悉各种数字化工具，帮助他们理解技术在教学中的潜在价值，从而建立起自信心。

二是鼓励教师进行实践探索。提供一个开放的环境，让教师能够尝试不同的数字化教学方法，鼓励他们在课堂上实验新的教学策略。学校可以设立创新教育实验项目，鼓励教师团队合作，共同探索数字化教学的最佳实践。

三是建立经验分享平台。教师可以通过定期的教学经验分享会、线上社区、博客等途径，互相交流数字化教学的心得体会。这不仅可以促进教师之间的合作，还可以形成一个共同学习的文化，不断激发创新想法。

四是提供个性化的指导和支持。针对教师在数字化应用方面的不同需求和水平，提供个性化的培训和指导。学校可以设立导师制度，由数字化教学经验丰富的教师担任导师，为新手教师提供指导和解答疑惑。

五是参与跨学科合作。数字化教学往往涉及多个领域的知识，鼓励教师与其他学科领域的专家合作，共同开发跨学科的数字化教学项目。这样的合作不仅能够提供丰富的教学资源，还能够激发创新思维。

六是建立评估机制，持续改进。设立定期的数字化教学效果评估，收集教师和学生的反馈意见，发现问题并及时调整培养计划。持续的改进和反馈机制能够保证培养方案的有效性和可持续性。

总之，数字化赋能对于教师专业发展中的创新能力来说至关重要。一方面，它不仅为教师提供了丰富的知识和资源，还提供了多样化的教学工具和技术，支持数据驱动的教学优化，甚至推动了跨学科的教学创新。另一方面，培养教师的数字化应用创新能力需要多方面的支持和努力。通过系统的培训、实践探索、经验分享、个性化指导、跨学科合作以及评估机制的建立，可以帮助教师更好地应对数字化时代的教学挑战，不断提升其创新能力和教育教学水平。教师通过数字化赋能，能够更好地适应快速变化的教育环境，培养学生的创新精神，为社会培养具有创造力和适应力的未来人才。因此，教育机构和教育政策制定者应当积极促进数字化赋能，为教师专业发展中的创新能力提供更多的支持和机会。

第四节　教师专业发展的数字化教学案例二
——"免疫学基础"课程思政教学案例

党的十八大以来，习近平总书记先后主持召开全国高校思想政治工作会议、全国教育大会、学校思想政治理论课教师座谈会等重要会议，作出一系列重要指示，强调要加强高校思想政治教育，这些重要讲话为推进高校课程思政建设工作指明了前进方向、提供了根本遵循。"课程思政"纲领性文件主要有《关于加强和改进新形势下高校思想政治工作的意见》(2017)①、《高等学校课程思政建设指导纲要》(2020)②、《习近平新时代中国特色社会主义思想进课程教材指南》(2021)③、《全面推进"大思政课"建设的工作方案》(2022)④。

党的二十大以来，思政课在党中央治国理政战略全局中的地位日益凸显，发展环境和整体生态发生根本性转变，习近平新时代中国特色社会主义思想铸魂育人成效明显，思政课建设、日常思想政治工作、课程思政全面推进。全面推进"大思政课"建设，要坚持以习近平新时代中国特色社会主义思想为指导，聚焦立德树人根本任务，推动用党的创新理论铸魂育人，不断增强针对性、提高有效性，实现入脑入心。坚持开门办思政课，强化问题意识、突出实践导向，充分调动全社会力量和资源，建设"大课堂"、搭建"大平台"、建好"大师资"，建设全国高校思政课教研系统，设立一批实践教学基地，推出一批优质教学资源，做优一批品牌示范活动，支持建设综合改革试验区，推动思政小课堂与社会大课堂相结合，推动各类课程与思政课同向同行，教育引导学生坚定"四个自信"，成为堪当民族复兴重任的时代新人。

"课程思政"的理论研究一是验证了课程思政的理论价值，从战略高度构建

---

① https：//www.gov.cn/zhengce/2017-02/27/content_5182502.htm？eqid=ccbdde25001469b7000000066464d13b.

② http：//www.moe.gov.cn/srcsite/A08/s7056/202006/t20200603_462437.html.

③ https：//www.gov.cn/zhengce/zhengceku/2021-08/25/content_5633152.htm.

④ https：//www.gov.cn/zhengce/zhengceku/2022-08/24/content_5706623.htm？eqid=cec1353700024a6f000000036459a26f.

了高校思想政治教育课程体系，创新了高校思想政治教育和价值观教育。二是以"课程思政"推进中国特色社会主义一流大学建设，开启协同育人的高校课程思政工作模式，落实立德树人根本任务，全面提高人才培养的质量。三是"课程思政"融入教育各个环节和各个因素的研究，如全员化研究，包括提高教师的示范作用、启迪学生思辨、加强辅导员和班主任队伍建设、加强组织保障等；全过程研究，要求开辟更多的教育机会和教育场合，包括展开思想政治教育实践活动、开辟第二课堂和学生社区等；全方位育人研究，包括优秀文化熏染、加强核心价值观宣传、跨专业协同培养等。四是"课程思政"与思政课程的关系研究，通过考察两者发展的内在逻辑及建构策略，完善思政课程与课程思政有机结合的路径，实现"课程思政"与"思政课程"的育人功能同向同行。

本节将以"免疫学基础：免疫学的重大发现"课程思政案例为例，阐述免疫学基础课程思政建设总体思路，分析"免疫学的重大发现"案例中蕴含的思政元素，展示案例教学整体设计方案，探讨教师如何将数字化技术与专业课的思想政治教育教学有机结合，守好培养德智体美全面发展的社会主义建设者和接班人这块责任田，承担大学生的思想政治教育这份重要的使命。

一、课程和案例的基本情况

◎ **课程名称**：免疫学基础

◎ **授课对象**：生物技术专业大三本科生

◎ **课程性质**：专业核心必修课

◎ **课程简介**：

免疫学基础（Immunology）是生物技术专业必修课，研究免疫系统的组成、功能以及相关疾病的机制，发展有效的免疫措施达到预防与治疗疾病的目的。它涉及多门学科知识，如组织解剖、生理生化、分子细胞生物学、遗传学、病理学及临床医学，具有较强的综合性，是一门多学科相互渗透的前沿学科，在学生整个学习过程中起着承上启下和培养学生创新思维、综合设计能力及科学实践能力的重要作用。

结合学校人才培养定位及生物技术专业特色，免疫学基础课程不断强化以学生为中心的顶层设计和教学实施，针对课程重点难点，精心设计课堂学习、研究性学习、实验学习和综合性课程实践等教学环节，通过科教融合、资源建设、教学模式改革、课赛结合等，从不同维度提升课程的高阶性、创新性和挑战度，培养学生的创新意识、辩证思维、数字化工具应用能力、综合设计能力和解决复杂科学问题能力，并通过学生形成性考核评价和课程质量评价促进课程持续改进。与此同时，深入挖掘课程育人功能，提出"一启迪四融合"课程思政建设思路，将教书育人贯穿于课程教学及实践活动全过程，强化学生在数字化生命科学强国战略中的责任意识和使命担当，实现价值塑造、知识传授和能力培养同向同行。

本学科会使初学者不可避免地感到概念繁多，头绪不清，压力较大。因此，在教学过程中我们需要抓住核心知识点，使学生站在较高层次上去观察分析思考免疫学全貌及内在联系；同时将我国著名的免疫学专家、学者及其贡献和奉献穿插于知识点的讲解之中，让学生对科学家的爱国情怀感同身受。

◎ **案例简介：**

免疫学是抗体工程原理、基因工程治疗和细胞治疗的基础，在抗感染、抗肿瘤、移植修复、自身免疫疾病治疗过程中发挥重要作用。本案例的教学内容为"免疫学的重大发现"，是免疫学绪论一章的重点，具体包括"古代免疫学的发生发展、近代免疫学的诞生和关键发现及当代免疫学的最新成果"，每项重大发现都能体现一位或多位杰出的科学家的贡献。深入了解这些科学家，尤其是我国科学家的重大免疫学贡献，能大大提升民族自豪感，增强投身科学研究和国家建设的热情。

◎ **本讲的学习目标：**

知识传授：（1）了解古代免疫学发展中的重大事件；（2）了解和掌握近代免疫学起源过程中的关键科学家及其重大发现；（3）熟悉当代免疫学前沿进展的重大发现。

能力培养：针对免疫学发展史的关键科学问题，提出自己的解决方案并与科学家的解决方法进行比较分析。

价值塑造：（1）学习中国古代防疫抗疫的先进理念，增长知识见识，体会科学精神，认识事物发展一般规律；（2）从近代科学家的重大发现中学习辩证思维方法，树立正确的人生观和价值观；（3）逐步建立分析解决当代免疫学问题的全局观、讲求客观规律，培养严谨认真、精益求精的科学精神。

二、案例蕴含的思政元素分析

(一)免疫学基础课程思政建设总体思路

免疫学基础是生物技术专业的核心课,兼具理论系统性和逻辑性及科学实践性,基于课程特点,深挖课程蕴含的思政元素,确定课程育人目标,提出具有免疫(IM)特色的"一启迪四融合"(1 Inspiration,4 Merge)课程思政建设思路,通过教学内容、环节、方法及模式的合理设计,将课程教学与学生理想信念、爱国情怀、知识见识、奋斗精神及综合素质、职业素养及行为习惯培养相融合,以及教师启迪引导、行为示范,实现价值塑造、知识传授和能力培养同向同行,做人做事齐头并进(图2-1)。

图2-1 免疫学基础课程思政特色

(二)"免疫学的重大发现"案例中蕴含的思政元素分析

本案例依托"免疫学绪论"一章的重点内容"免疫学的重大发现",将其中蕴含的"科学精神、辩证思维方法、工程观、全局观、工匠精神和责任意识"等思政元素与课程内容及教学活动相融合,发挥课堂教学在育人中的主渠道、主战场作用。

1. 科学精神、使命担当

(1)在生命大健康强国战略中,生命科学产业的创新离不开核心生物技术的创新，技术创新是生命大健康产业创新的重要组成，方案的可行性评价是产业创新的关键步骤，对生物技术免疫学原理的掌握是方案可行性评价的基础。通过科教融合案例，介绍课程学习与国家生命大健康产业创新发展的关系，可使学生明确学习目标，激发其学习积极性和在科技强国战略中的责任意识。

（2）古代免疫概念在我国千年前的萌芽体现出大国智慧，近现代免疫学百年的发展，饱含着中外学者锲而不舍、追求真理的科学精神及对自由度问题认识不断积累、渐进和飞跃的历程，揭示了事物发展的一般规律，特别是可通过中国学者在其中的贡献和精神品质，增强学生的民族自豪感、探索未知、追求真理的责任感和使命感。

2. 辩证思维方法

免疫学的创新理论其实是观察视角的问题，创新技术则是与工程实际密切相关，解决以上问题时，需要采用转换视角、动态观察，抓主要矛盾等分析问题、解决问题的辩证思维方法，同时，通过对局部技术工程意义的认识，引导学生理解局部改变如何影响整体，整体如何通过局部提升的人生哲理，激发其自我提升的意识。

3. 科学观、全局观与工匠精神

通过经典免疫学问题的案例，引导学生理解免疫学发挥作用的原理，逐步建立注重实效、具体问题具体分析的科学观；通过设置具体问题情境，给学生提供解决问题的机会，循序渐进地培养其在设计中的全局意识及严谨认真、精益求精的工匠精神；通过设置进阶型课后作业，引导学生主动实践，努力提升自我，不断积累经验，成为国家未来合格的建设者。

三、案例教学整体设计

（一）教学设计

结合教学内容，分别采用专题嵌入式、因势利导式和潜移默化式三种方式在教学活动中融入课程思政（图 2-2）。

图 2-2　免疫学基础课程思政实施方式

1. 专题嵌入式

课程导入。通过视频、实例直接点明免疫学的发展史，中国古代抗疫的先进成果，对生物大健康产业强国战略的重要性及方案可行性评价的必要性，激发学生学习热情和责任意识。

免疫学重大发现的由来和探索历程。通过时间轴和人物线，阐明事物发展的一般规律和学者们不断探索的科学精神及中国学者的精神品质。

2. 因势利导式

免疫学重大发现所解决的问题，课堂讨论部分，通过设置问题，启发学生与教师共同探究问题的本质，因势利导地培养学生分析问题、解决问题的辩证思维方法、设计中的全局意识及严谨认真、精益求精的工匠精神和正确的人生观和价值观。列举时代楷模顾方舟在消除小儿麻痹症的过程中以身试药，无私奉献的举措，让学生了解科学家崇高的精神品质。

3. 潜移默化式

收集整理中国科学家的重大发现，课后作业部分，将认识方法的局限性及合理选择、主动学习及探究精神和能力培养融入教学和完成具有挑战度作业的学习过程中，介绍近代免疫学大师巴斯德在普法战争中婉拒德国波恩大学名誉学位证书的著名发言，在潜移默化中培养学生的爱国主义精神。

（二）教学实践

本讲综合运用启发式和案例式相结合的教学方法，通过布障法设置问题，辅以免疫学重大发现的讲解动画，引导并启发学生从解决核心免疫学问题所需的方法入手，观察自然现象，寻找客观规律，引出疫苗、抗体、抗生素、免疫活性物质等概念，进而引导学生得出解决问题的办法，培养学生分析问题、解决问题的辩证思维；通过设置问题情境，引导学生对特定免疫学疾病案例进行分析，进而正确理解通过免疫学原理进行诊断和治疗的作用和意义，积累正确运用所学知识和经验，在准确识别、合理分析的基础上，逐步建立防治疾病的科学观和全局观，通过问题牵引，培养学生的探究精神和理论联系实际、具体问题具体分析的设计观，详见表2-1。

表2-1　　　　　　　　　"免疫学的重大发现"课程思政教学设计

教学内容及过程	教学设计及意图
问题引入： "免疫"一词的由来？ 视频展示历史上著名的疫情及其对人类产生的灾难性影响：黑死病（鼠疫）、天花、新冠肺炎、西班牙流感 →有"疫"才有"免疫" →从最初的抗疫到现在的免疫学重大问题 →中外免疫学家的重大发现 	视频引入+提问，吸引学生关注→本讲内容 ★思政点： (1)经验→归纳→创新应用→疗效递进→国力，强调经验和创新对大健康强国战略的重要意义； (2)成果=智慧+技术+尝试/归纳，引导学生明确课程学习意义，努力学习，承担历史使命。

教学内容及过程	教学设计及意图
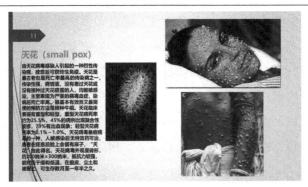 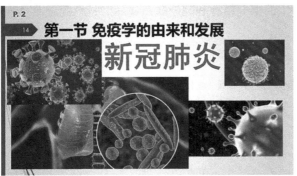 	
学习目标： 通过 PPT 展示+口述展现 3 个层次的学习目标。 抛出本讲课后作业：深入了解中国科学家在免疫学领域的重大发现，并阐述其重要意义。	★使学生明确目标，开展有目的的学习。

续表

教学内容及过程	教学设计及意图
学习内容一：中国古代的先进抗疫举措 宋代朱纯嘏《种痘论》(人痘)与英国 Edward Jenner 牛痘治疗天花，点出我国早在西方几百年前即发明了疫苗免疫技术； 视频展示中国清代乾隆年间世界领先的隔离防控天花方案； 	★思政点： (1)体会中外学者理论-实践-理论-再实践，不断创新的精神品质； (2)启发学生思考，用发展的眼光看问题。
学习内容二：诺贝尔生理学医学奖中的免疫学家 1. 讲解法国微生物学家巴斯德及其贡献；德国细菌学家贝林及其贡献； 2. 视频介绍德国细菌学家罗伯特·科赫及其贡献； 3. 视频介绍俄国免疫学家梅契尼科夫及其贡献； 4. 讲解比利时免疫学家朱尔·博尔代及其关键发现——补体； 5. 讲解奥地利免疫学家卡尔·兰德斯坦纳及其发现的 ABO 血型系统； 6. 讲解 2011 年三位获奖者在天然免疫方面的重大发现； 7. 讲解 2018 年两位获奖者在肿瘤免疫治疗方面的重大发现。	★思政点： (1)深度学习近代外国科学家在免疫学领域做出的重大发现和杰出贡献，培养学生热爱科学、勇于探索的思想； (2)借用巴斯德婉拒德国名校名誉学位证书时的名言："科学虽没有国界，但是学者却有自己的祖国"。激发学生的爱国主义情怀。
学习内容三：基于重大发现的免疫学知识结构 1. 免疫分为天然免疫(非特异性)和特异性免疫；机体的三道防线； 	★思政点： (1)免疫反应的本质是机体识别自身与非自身，对自身耐受，对非自身排斥的过程。引导学生从实际生活出发，理解概念的本质含义，认识科学知识的广度和深度；

续表

教学内容及过程	教学设计及意图
2. 天然免疫和特异性免疫的关系：天然免疫是针对一切外来物质的无差别攻击而特异性免疫是针对某一种抗原的特异性攻击；天然免疫可诱发特异性免疫，特异性免疫反过来可调节天然免疫。 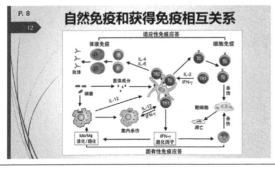	(2)天然免疫和特异性免疫构成了机体的免疫系统。它们的关系互为补充，相互依存。引导学生辩证地看待机体免疫两大类型之间的关系，用辩证的眼光去了解。
课堂讨论： 请聊一聊你所了解的中国免疫学家及其重大发现？ 1. 就这个问题与学生在课堂上展开问答和讨论。 学生答：屠呦呦。 教师问：她的发现是什么？ 学生答：青蒿素。 教师问：青蒿素的功能是什么？ 学生答：好像是治疗疟疾。 教师问：青蒿素从哪里来？是如何发现的？功能是怎样鉴定的？ 学生答：可能是从植物提取，发现的过程我需要去查阅资料…… 教师问：能够了解屠呦呦女士和她的重要发现青蒿素，是一个不错的认识。希望你通过查阅资料，获得更多的知识点，了解她在发现和验证青蒿素功能上做出的不懈努力。 (问答告一段落) 2. 视频介绍"糖丸爷爷"顾方舟在消除脊髓灰质炎中作出的巨大贡献。 	★思政点： (1)引导学生自发查阅资料，深入了解我国著名学者屠呦呦和她的发现青蒿素背后的来龙去脉，提升爱国主义热情，学习科学家不断试错、不懈努力的精神； (2)介绍消除小儿麻痹症流行的顾方舟先生，在艰苦的环境下，毅然投身疫苗研究，并以自己的孩子为首批试验者，研制糖丸疫苗的可歌可泣的事迹。向奋勇斗争的科学家致敬，增强学生的爱国热忱，培养学生不畏艰险，迎难而上的可贵品质。

续表

教学内容及过程	教学设计及意图
总结： (1)中国古代在防疫抗疫中表现优异，领先世界水平； (2)现代免疫学的发展离不开世界各国优秀的免疫学研究者和他们的重大发现。	★重点难点梳理 ★强调中国科学家在免疫学发展中作出的重大贡献。
课后作业： 学生按 5 人分为小组，每组分工合作，选取一位感兴趣的近现代免疫学研究者，介绍他/她的重大发现，以及你对他/她研究工作的感悟。以 PPT 的形式展示，并派 1 名代表在下节课进行分组汇报展示。	★思政点 (1)培养学生团队合作能力、查阅文献能力、归纳总结能力和自主学习能力； (2)通过设置分组汇报展示环节，引导学生多观察、多思考、学案例、悟要义，积跬步、长本领，才能不负韶华。

（三）教学反思

本讲是免疫学基础课程第一章"绪论"的第 2 讲，目标是使学生能够了解和掌握免疫学的发展历史、关键的科学工作者及其重大发现，从而掌握免疫学的基本知识结构。教学设计符合学生知识水平和认知规律，以视频开场吸引学生注意力，以诺贝尔获奖者及其重大发现贯穿课堂，通过图片、动画、案例、提问、参与式学习等展开教学内容，学生积极投入，教学效果良好，较好地完成了知识传授。

通过专题嵌入式、因势利导式和潜移默化式的授课方式，较为自然地将事物发展规律、辩证思维方式、免疫学的科学观、科学精神、工匠精神等思政元素融入专业知识的教学中，有效激发了学生的学习热情和责任意识，提升了学生分析问题解决问题能力。

为了使课程思政的开展更自然，使加了思政盐的汤更有味道，需要进一步挖掘具有免疫学特色的思政新元素，持续更新思政案例，精细课程思政教学设计和创新课程育人途径。

一方面，"免疫学基础：免疫学的重大发现"课程思政案例展示了数字化变革在课程思政教学中的机遇：一是多样化教学手段。数字化工具为思政教学提供了丰富多样的教学手段，例如网络课程、在线讨论、虚拟实验等。通过这些方式，学生可以在课堂之外也能参与课程思政教育的话题讨论，加深对重要理念的理解。二是个性化学习方式。数字化平台可以根据每位学生的学习情况和兴趣，推送相应的教学内容，实现个性化的课程思政教育。这有助于激发学生的学习兴趣，提高教学效果。三是跨时空交流课堂。数字化变革消除了时空限制，学生可以与不同地区、不同背景的同学进行交流和讨论，扩展了思政教育的影响范围，促进了跨文化交流。四是多元化互动参与平台。数字化工具能够在一定程度上突破传统教学的单向传授模式，增加了学生的互动参与。在线讨论、投票调查等方式可以让学生更积极地参与进来，形成更加活跃的课堂氛围。

另一方面，"免疫学基础：免疫学的重大发现"课程思政案例也展示了教师在数字化变革过程中融入课程思政教学的策略：一是合理规划数字化教学内容。教师应根据课程特点和学生需求，合理规划数字化教学内容。要确保数字化工具与课程目标相一致，有助于提高学生思政素养。二是激发学生主动性。数字化教学不应取代传统的教学方式，而是作为一种补充手段。教师可以利用数字化工具激发学生的主动性，鼓励他们在学习过程中进行自主探究。三是加强师生互动。虽然数字化工具可以增加学生的互动，但教师仍然是思政教育的核心。教师应利用数字化平台与学生进行互动，解答疑惑，引导讨论。四是注重思想引导。数字化变革不仅仅是技术的问题，更是思想引导的问题。教师要引导学生正确使用数字化工具，培养他们在信息时代的思维能力和判断能力。

此外，"免疫学基础：免疫学的重大发现"课程思政案例展示了数字化校园背景下提高课程思政实效性的路径。数字化校园背景下，建设数字化课程思政教学，不是把课程思政的教学内容搬到互联网上去，而是利用互联网技术来加强思政教学活动，提高课程思政的实效性。

课程思政网络教学平台。课程思政网络教学平台，是基于数字技术、多媒体技术、虚拟现实技术等现代信息技术平台上的一种教学载体，是信息技术与课程思政教学深度结合而设计出的一种有效学习环境，是集学习、考试、互动交流于一体的教学支持综合系统。构建课程思政网络教学平台，应开通一些基本的导航栏：教学课件与教案、教学案例分析与点评、热点新闻点评、在线交流与答疑、班级论坛、网上考试、作业发布与提交、网上教学评价等，打造一个功能齐全、内容丰富的全新课程思政教学环境。网络教学平台的构建，既满足了学生自主性、互助性、探究性的学习需求，又创新了课程思政教学的理念。

课程思政自主学习平台。自主学习平台不是网络教学平台的重复，而是网络教学平台的延伸。自主学习平台侧重的是与课程思政教学各章节内容有关的历史素材、教师选取某一知识点讲解的视频（微课）、针对自主学习内容的在线考试、推荐阅读书目和观看视频、经典著作电子书、虚拟图书馆等内容，提高学生自主学习的兴趣和主动性。

课程思政即时通信工具平台。目前，学生中比较普遍使用的即时通信工具有QQ、微信和微博等，通过构建即时通信工作平台，可以把现有的众多即时工具整合起来，只需要使用一个账号和密码就可以将所有的即时通信工具关联起来，及时了解学生的思想动态，平等与学生进行交流。教师还可以通过这个整合的平台向学生即时发布社会的各种热点和焦点问题的看法，牢牢把握话语权和制高点。

课程思政视频资源库。传统的课程思政模式无法有效地吸引学生的注意力，学生缺乏对抽象理论的认同感。在数字化校园背景下，可以依托互联网丰富的资源，构建海量的视频资源库。这种寓教于乐的方式，使得课程思政变得更有感染力和说服力。所选取的视频必须突出课程思政的内容且时代性要强。这些视频既可以在教学过程中穿插使用，也可以放在自主学习平台上，由学生自行点播。总之，数字化校园背景下，要求高校教师对课程思政进行积极的探索，大胆地对传统的教学方式进行改革，以学生的需求为切入点，提高课程思政的实效性。

数字化变革为课程思政教育带来了前所未有的机遇和挑战，这是一个需要不断探索和实践的过程。通过合理运用数字化工具，教师可以使课程思政教育更加生动有趣，更加贴近学生的生活和思想，更加有效地培养学生的思想道德素养，使他们成为德智体美全面发展的社会主义建设者和接班人。数字化课程思政是时代发展的需要，是教育改革的必然趋势。它的出现和发展，为学生的思想道德教育提供了更加丰富和多元化的选择。数字化校园建设是一个复杂而又庞大的系统工程，需要整合各种资源，进行全方位、立体式的管理。这就要求教师要有整体意识，为推进数字化课程思政教学作出积极的贡献。

第三章　架构·资源·平台

　　高等教育数字化以现代信息网络为主要载体，以信息通信技术融合应用和全要素数字化转型为重要驱动力，促进教师专业发展的新形态。伴随互联网、大数据、云计算、人工智能、区块链等新兴技术的发展和成熟，不仅催生了以数字和数据为教育核心竞争力的新业态和新模式的出现，也全面重塑了教育发展的格局。显然，高等教育数字化背景下的教师专业发展，必须依靠高水平的学科建设体系、多元化的数字教学资源以及为教师专业发展提供互动、合作和交流的平台来实现。

　　本章分为三部分。第一部分从交叉学科理论架构与时代进程的角度，论证了交叉学科建设已成为我国高等教育建设的重要载体和依托，学科交叉与高校变革发展实现了深度结合。学科跨界融合通过整合知识资源，拓展思维边界，为高校教育数字化转型注入了新的活力和可能性。数字化时代对高校交叉学科架构提出了更高的要求，同时也为教师专业发展提供了更广阔的发展空间和机会。在交叉学科背景下，教师的时代定位和时代价值发生了显著变化，这一变化反映了教育领域的发展趋势和现代社会对教育变革的必然要求，对于培养创新型和复合型人才、推动学术交流和教师发展等方面都具有重要的意义。第二部分论述了教育数字化的跨时空性、自由开放性和精准性等新特质，为教育资源的优化配置提供新的可能性。数字化智能技术使得教育资源更具个性化、高效和智能化的教育优势，数字化资源共享为教师提供了交流与合作的平台，在进一步优化优质教育服务供给结构方面释放了强大的动能，推动优质教育资源更加广泛地传播和共享，有助于缩小城乡教育差距、促进教育公平和提高教育质量，赋能教师的专业发展。第三部分从移动互联的角度，论述了数字化赋能为教师专业发展带来的全新资源和云端平台。教师专业发展的云端平台，就是数字化赋能教育教学管理、教育教学决策和教育教学服务的方式、流程、手段、工具等进行全方位、智能化、系统性功能重塑和流程再造；其要义是要提高教师专业发展效能，助力教师专业发展提升和赋能教师专业发展的创造能力。随着教育信息化和教师专业发展的不断深入，教师专业发展云端平台也需要不断地进行迭代升维，以适应教师发展的需求和变化。

第一节　交叉融合：数字化赋能教师专业发展的学科架构

党的二十大报告指出，要"加强基础学科、新兴学科、交叉学科建设，加快建设中国特色、世界一流的大学和优势学科"。习近平总书记在二十届中共中央政治局第三次集体学习时指出，"当前，新一轮科技革命和产业变革深入发展，学科交叉融合不断推进，科学研究范式发生深刻变革，科学技术和经济社会发展加速渗透融合，基础研究转化周期明显缩短，国际科技竞争向基础前沿前移"，"要优化基础学科建设布局，支持重点学科、新兴学科、冷门学科和薄弱学科发展，推进学科交叉融合和跨学科研究，构筑全面均衡发展的高质量学科体系"。在数字化时代重要发展机遇中，人才培养已从"专业教育"迈向"学科交叉教育"，推进学科交叉融合、满足国家战略需求，为教师的专业发展和教育的质量提升带来了全新的机遇和挑战。

一、交叉学科的理论架构与时代进程

交叉学科是以单学科或多学科结合为表现形式的由两门或两门以上的学科相互渗透、融合而成的综合学科，即在自然科学、社会科学和技术科学各学科之间，通过各学科的理论、观念和方法的"相重""共振""融合""吸附"和"嵌入"等过程而产生的新兴交叉性学科群。从表面上看，交叉学科是几种学科间知识的重构问题，而实质上更是学科间对于信息的多角度多层次深加工、跨学科思维、多重多种多维的交互活动。

交叉学科作为新兴学科，与传统单一学科相比较，有其自身特征。其一，综合性。交叉学科无论从知识结构，还是从研究活动的形式而言，通常需要两门及两门以上学科之间的"有机融合"，是学科间协调互动解决问题的一个平台和方

法，是自然科学、社会科学和技术科学等学科观念、理论方法的高度综合运用。其二，创造性。交叉学科表现出来的独特综合性，有别于传统学科的单一性，这种综合性恰恰是多学科"交叉点"之间的相互渗透和融合，从而诞生和创造新的学科增长点。其三，实用性。交叉学科赖以生存和发展的决定性因素，是具备综合运用诸多学科的相关知识体系，研究必须回答和解决的极其复杂的社会问题，从而有效解决重大的实际问题。其四，相对独立性。单学科作为整个学科体系的一个"学科要素"，在相互交流融合中诞生交叉学科并构建交叉学科自身发展的系统。与此同时，交叉学科在自身发展过程中又可以不断派生出分支学科，并且作为更高层次中的一个"要素"，与其他学科进行二次乃至更多层次的交叉，从而形成新的交叉学科。可以说，交叉学科并不消极依赖于母体学科，而有其自身发展系统，即相对独立性。

现代意义上的交叉学科（interdisciplinary）概念最早由美国心理学家伍德沃斯（R. S. Woodworth）在 1926 年提出，他倡导在两个或多个学科之间开展科学研究①。随着现代科学知识的持续更新和数字化时代的到来，世界各主要国家的高等教育都把促进学科交叉研究放在一个重要的位置，并采取有力措施，促进高校交叉学科的发展。美国斯坦福大学在校内设立的独立科研机构 Bio-X，是由多个学院的教师组成的实体性科研组织，其行政级别与各学院的行政级别相同。来自不同学科、不同领域的科研人员，打破院系、学院、学校、国家的界限，跨学科、跨领域聚集在一起，以科研项目为纽带，依托 Bio-X 中心开展多学科交叉合作研究，形成稳定、长期、活跃的项目关系网。Bio-X 计划的科研项目以问题为导向，通过公开征集、定向委派的形式，将不同学科领域的研究人员聚集在一起进行合作，以解决生物科学领域的重大科技攻关难题，探索国际科学前沿，取得大量原创性成果。这种以项目为驱动的独立科研组织，有效地将不同学科和不同领域的科研人员聚合成为一个整体，进而产生了学科交叉融合的催化反应②。新加坡南洋理工大学立足新加坡国家科研战略与发展需求，结合自身优势建立了

---

① 刘仲林. 现代交叉科学. 杭州：浙江教育出版社，1998：57.
② 肖凤翔、王珩安. 世界一流大学跨学科学术组织发展的经验与启示——基于斯坦福大学 Bio-X 计划的分析[J]. 高教探索，2020(5)：46-51，57.

"跨学科研究生学院"，先后设置了包括跨学科课程，跨学科学位计划、双专业计划以及辅修计划在内的灵活自主并能充分发挥师生潜能的多元跨学科课程组织模式。通过构建系统科学的通识教育课程体系、开设一流的跨学科与交叉学科课程，使学生在通识教育的基础上接受跨学科、多元化、宽口径的专业教育，进而推进交叉学科人才培养走向卓越①。

　　学科交叉作为学科建设的制度化路径与表征，镶嵌于中国高校组织制度的历史演进、政策过滤以及个体利益相关者的多方博弈之中。特别是 2020 年以来，在加快推进科研创新、着力解决科技"卡脖子"问题的背景下，国家密集出台了一批加快交叉学科建设、促进学科交叉融合的政策文件，学科交叉制度得到不断完善。教育部印发的《未来技术学院建设指南（试行）》②，提出利用四年左右的时间在专业学科综合、整体实力强的部分高校建设一批未来技术学院，探索专业学科实质性复合交叉合作规律以及未来科技创新领军人才培养新模式。教育部、国家发展改革委和财政部联合印发的《关于加快新时代研究生教育改革发展的意见》③，提出"建立基础学科、应用学科、交叉学科分类发展和动态调整新机制"，"设立新兴交叉学科门类"。教育部、财政部、国家发展改革委联合印发《"双一流"建设成效评价办法（试行）》④，强调将依据学科特色与交叉融合趋势进行分类评价。国务院学位委员会、教育部联合印发《关于设置"交叉学科"门类、"集成电路科学与工程"和"国家安全学"一级学科的通知》⑤，将新增交叉学科作为我国

　　① 史铭之. 一流本科教育的建设路——南洋理工大学的启示［J］. 河北师范大学学报（教育科学版），2021，23（05）：122-129.

　　② 教育部办公厅关于印发《未来技术学院建设指南（试行）》的通知（教高厅函〔2020〕6号）［EB/OL］.（2020-05-24）［2023-12-09］. https：//www. gov. cn/zhengce/zhengceku/2020-05/24/content_5514379. htm.

　　③ 教育部　国家发展改革委　财政部关于加快新时代研究生教育改革发展的意见（教研〔2020〕9号）［EB/OL］.（2020-09-21）［2023-11-23］. http：//www. moe. gov. cn/srcsite/A22/s7065/202009/t20200921_489271. html.

　　④ 教育部　财政部　国家发展改革委关于印发《"双一流"建设成效评价办法（试行）》的通知（教研〔2020〕13号）［EB/OL］.（2021-03-23）［2023-12-29］. https：//www. gov. cn/zhengce/zhengceku/2021-03/23/content_5595085. htm.

　　⑤ 国务院学位委员会　教育部关于设置"交叉学科"门类、"集成电路科学与工程"和"国家安全学"一级学科的通知（学位〔2020〕30号）［EB/OL］.（2021-01-14）［2023-10-24］. https：//www. gov. cn/xinwen/2021-01/14/content_5579799. htm.

第 14 个学科门类，下设"集成电路科学与工程"和"国家安全学"两个独立的一级学科。虽然下设一级学科数量不多，但这一举措是我国学科与学位制度建设史上的一次里程碑式的变革，从根本上解决了我国学科交叉的制度"合法性"问题，是我国学科交叉制度性变革的开端。

伴随国家层面的政策制定，我国高校的学科交叉制度建设得到迅速推进。在首轮"双一流"建设信息公开的 41 所高校"双一流"建设方案中，几乎无一例外都提出要推进交叉学科建设，以交叉学科为抓手建设一流学科。具体包括打造学科集群，建立交叉学科研究院，搭建跨学科、跨院系合作平台等方式。比如，北京大学在全国率先成立了前沿交叉学科研究院，下设纳米科学与技术、生物医学、大数据科学、环境与健康、科学史与科学哲学、脑科学和类脑科学等十多个研究机构，涵盖数学、物理学、化学、生物学、医学、工学等学科的众多交叉研究领域；清华大学成立跨学科交叉研究工作领导小组和科研机构管理办公室，出台教师跨院系兼职和交叉学科学位授予制度；浙江大学以人工智能省部共建协同创新中心为依托，推动学科交叉、激发技术创新、赋能场景应用，为加快培养人工智能领域高层次人才创造条件；吉林大学新办人工智能学院、国家安全与发展研究院，并设立了相应的人工智能、国家安全学科；西北大学通过建立实体性跨学科研究机构、创新学科建设资金分配模式、优化教师职称评审办法等措施，推进学科交叉融合。交叉学科建设已成为我国高等教育建设的重要载体和依托，学科交叉与高校变革发展实现了深度结合。

二、交叉学科的跨界融合与应用场景

2021 年 4 月 19 日，正值清华大学建校 110 周年之际，习近平总书记在视察清华大学时指出："要用好学科交叉融合的'催化剂'，加强基础学科培养能力，打破学科专业壁垒，对现有学科专业体系进行调整升级，瞄准科技前沿和关键领域，推进新工科、新医科、新农科、新文科建设，加快培养紧缺人才。"[①]

---

① 习近平在清华大学考察时强调：坚持中国特色世界一流大学建设目标方向 为服务国家富强民族复兴人民幸福贡献力量[EB/OL]．(2021-04-19)[2024-03-19]．http://www.moe.gov.cn/jyb_xwfb/s6052/moe_838/202104/t20210419_527148.html．

　　学科跨界融合指的是不同学科领域之间的交叉融合与合作，通过整合知识资源，拓展思维边界，为高校教育数字化转型注入了新的活力和可能性。在数字化转型的新时代，推进学科深度交叉融合，既是培养符合经济社会发展所需复合型人才的重要途径，也是以学科建设推动解决国家、社会发展问题的重要举措。

　　首先，学科跨界融合有助于培养跨学科的综合型人才。在数字化时代，解决复杂问题需要多元的视角和知识。学科跨界融合能够促使不同领域的知识相互渗透，培养出能够综合运用多种知识和技能的人才，使他们能够更好地适应未来社会和职场的挑战。其次，学科跨界融合有助于创新教学模式。传统的学科界限限制了知识的传递与应用，而学科跨界融合能够打破这种限制，促进创新的教学方法和内容。通过不同学科的交叉，可以设计更具创意性和趣味性的课程，激发学生的学习兴趣和动力，提高教学效果。此外，学科跨界融合还有助于推动科学研究的突破。许多重大科学问题往往需要多个学科的知识和技术共同协作来解决。学科跨界融合能够促进不同领域之间的知识交流和合作，加速科研成果的产出，推动学术界取得更多重要突破。同时，学科跨界融合也有助于促进产学研结合。高校作为知识创新的重要阵地，通过与产业界和研究机构的合作，能够将学术研究成果更好地转化为实际应用。学科跨界融合可以为产业界提供更多创新的思路和解决方案，促进科技创新和经济发展的良性循环。最后，学科跨界融合有助于拓展人才培养的多样性。传统的学科分类模式可能会使一些边缘学科受到忽视，而这些边缘学科往往具有重要的研究和应用价值。学科跨界融合可以促进这些边缘学科的发展，为培养更多元化的人才提供平台。总之，高校教育数字化转型中学科跨界融合不仅能够培养跨学科的综合型人才，创新教学模式，推动科学研究突破，促进产学研结合，还能够拓展人才培养的多样性，为高校教育的发展带来更多的机遇和活力。高校应积极倡导和支持学科跨界融合，为未来社会的需求和挑战作好充分准备。

　　交叉学科的应用场景非常广泛，涵盖了科学研究、工程应用、医疗健康、社会治理等多个领域。数字化技术在考古文物资源传播方面的跨界融合应用较早就在国内开展。20世纪80年代，武汉大学李德仁院士夫妇开始用技术手段保护正在遭受侵蚀的敦煌莫高窟文物。借助人工智能、增强现实技术，文物学家、历史学家、考古学家在数字敦煌里可以进行"现场"科研，壁画上动不了的"飞天"，在元宇宙里可以尽情歌舞。2016 年，由敦煌研究院主办的"数字敦煌"资源库正式上线，其最新成果包括对 30 个莫高窟洞窟的整窟图片采集、对 4430 平方米壁画的高保真复制等，使敦煌的文化遗产在数字空间永存。2022 年，"遇见敦煌"光影艺术展在北京开幕，以 3D 光雕数字技术展现了 200 余幅敦煌石窟壁画，用现代科技让观众在疫情时期不必前往敦煌也能欣赏敦煌的文化艺术之美。

生物医学工程（Biomedical Engineering，简称 BME），是另一门交叉学科跨界融合的典型案例。生物医学工程结合了生物学、医学、工程学等多个学科领域的知识，该学科的主要目标是运用工程学的原理和技术，开发新的医疗设备、疗法和治疗方法，解决医学中的问题，提高人类的健康水平。生物医学工程的应用场景非常广泛，包括医疗器械、生物材料、生物芯片、组织工程、基因编辑、病理生理学研究、医学影像学、假肢和人工器官等多个方面。这些技术的应用对医学的发展产生了深远的影响，如改善患者治疗、提高医疗效率和降低医疗成本等。此外，生物医学工程也是一门实践性很强的学科，需要具备一定的实验技能和实践经验。在该领域工作的人员需要具备创新思维、跨学科合作和解决问题的能力，同时也需要不断学习和更新知识，以应对不断变化的医学需求和技术发展。

三、交叉学科背景下教师数字化转型与专业发展

数字化时代对高校交叉学科架构提出了更高的要求，同时也为教师专业发展提供了更广阔的发展空间和机会。交叉学科的研究结合了多个学科的知识和理论，能够产生新的思维方式和方法，推动科技创新和进步。在数字化时代，许多复杂的问题需要多学科的协同解决，交叉学科的研究能够提供更广阔的视野和更全面的解决方案。通过整合不同学科的知识和技术，交叉学科能够打破传统的学科边界，推动科学和技术的创新和发展。交叉学科涵盖了各个领域和层次，可以根据不同的问题或需求进行灵活地组合和调整。例如，数字人文就是在人文社会科学与数字技术之间进行数据分析和可视化而形成的交叉学科。这种多样性使得交叉学科能够应对复杂多变的问题和挑战。交叉学科的研究注重解决实际问题，具有很强的应用性。在数字化时代，许多实际问题需要跨学科的知识和技能来解决，交叉学科的研究往往具有明确的应用导向，能够提供更全面和深入的解决方

案，并产生实际效益，推动社会经济的发展。这种实用性使得交叉学科在数字化时代具有更广泛的应用前景。交叉学科需要不同学科之间的协同合作，共同解决问题。这种协同性不仅能够促进不同学科之间的交流和理解，还能够提高研究效率和质量。交叉学科的研究需要具备多学科背景和创新能力的人才，这有助于培养具有综合素质和创新精神的人才。人才是数字化时代推动科技创新和发展的重要动力，交叉学科的研究能够为未来的科技发展提供源源不断的人才支持。总之，数字化时代交叉学科的这些特征使得交叉学科在应对复杂问题、推动科技创新和解决实际问题等方面具有独特的优势。

在交叉学科背景下，教师的时代定位发生了显著变化，这一变化反映了教育领域的发展趋势和现代社会对人才培养的新要求。教师角色从传统的知识传递者转变为引导者和启发者，更加强调教师的创新能力和跨学科知识整合能力。一是知识传递的引导者。在交叉学科的环境下，教师需要引导学生自主探索和学习，鼓励他们主动发现问题、解决问题，培养他们的创新能力和批判性思维。教师的职责是提供一个充满挑战和机遇的学习环境，激发学生的求知欲和探索精神。二是跨学科知识整合者。随着知识的爆炸性增长，单一学科的教学已经无法满足社会对复合型人才的需求。教师需要具备跨学科的知识和整合能力，能够将不同学科的知识融会贯通，帮助学生建立跨学科的知识体系，培养他们的综合素质和解决复杂问题的能力。三是创新者和实践者。在交叉学科的背景下，教师需要具备创新精神和实践能力，能够引导学生进行跨学科的研究和实践。教师需要不断探索新的教学方法和手段，将科技、艺术等不同领域的知识融入教学中，推动教育的创新发展。四是终身学习者。随着科技的不断进步和社会的发展，教师需要不断更新自己的知识和技能，保持终身学习的态度。教师需要不断探索新的教育理念和方法，提高自己的教学水平和专业素养，以适应时代发展的需要。总之，在交叉学科背景下，教师的时代定位更加注重引导、启发和创新，要求教师具备跨学科的知识整合能力和实践创新能力。为了适应这一变化，教师需要不断更新自己的教育理念和教学方法，提高自己的专业素养和综合素质，以更好地培养适应未来社会需求的人才。

教师的发展是时代进步和教育变革的必然要求，对于培养创新型和复合型人才、推动学术交流和发展等方面都具有重要的意义。交叉学科背景下教师发展的时代价值主要体现在以下几个方面。一是适应未来社会发展的需要。随着科技的快速发展和知识的不断更新，单一学科的教学已经无法满足社会对人才的需求。交叉学科的教学能够更好地适应未来社会的发展，培养出具有创新能力和综合素质的复合型人才。教师的时代价值在于能够不断更新自己的教育理念和教学方法，积极探索交叉学科的教学，为学生提供更广泛的知识和技能。二是推动教育创新发展。交叉学科的教学是教育创新发展的重要方向之一。教师在交叉学科背景下的发展，能够推动教育的创新发展，为教育改革提供新的思路和方法。教师的发展也是教育系统不断完善和提升的重要组成部分，对于提高教育质量和水平具有重要意义。三是提升教师的专业素养和综合素质。在交叉学科背景下，教师需要不断学习和掌握新的知识和技能，提高自己的专业素养和综合素质。教师的发展过程也是自身不断成长和进步的过程，能够提升教师的教育教学水平和科研能力，促进教师的个人发展。四是促进跨学科的合作与交流。交叉学科的教学和研究需要不同学科之间的合作与交流，这需要教师具备跨学科的知识和能力。教师的发展能够促进不同学科之间的合作与交流，推动学术创新和学科发展，为学术界的繁荣和发展作出贡献。

第二节　均衡配置：数字化赋能教师专业发展的资源共享

随着科技的进步，数字化工具和资源在教育领域的应用越来越广泛，对教师的专业成长也产生了深远的影响。智能驱动教师专业发展是一种基于教育数据分析的方法，为教师的专业发展提供了全新的资源和可能性，有利于提升教师的教学效果和专业素养，当然也需要教师的专业判断和经验，将数据与教育理论相结合，更好地利用数字化工具提升教学水平，以综合的方式优化教学。在信息爆炸的时代，数字化学习资源的获取与整合有多种途径和方法，如何筛选和整合优质的学习资源成为一项重要的资源配置能力。数字化转型使得教育资源不再受限于地域和时间的限制。学生和教师可以通过互联网随时随地访问、获取和分享资源，从而打破了传统教育资源分享的局限性。这不仅有助于缩小城乡教育资源差距，也有利于提高教育公平性。

一、数字化资源的智能技术与教育优势

人类社会进入数字化时代，智能技术广泛应用于社会和经济生活以及数字技术对人类生活方式产生了深刻的影响。数字化技术已经成为现代社会的核心技术，涵盖了计算机、互联网、移动设备、物联网、人工智能等多个领域。智能技术使得信息传输更加便捷、高效，同时也使得数据处理和分析更加快速和准确。在数字化时代，数据成了一种重要的资源。通过对数据的收集、处理和分析，可以挖掘出更多的信息和价值，推动创新和经济发展。数据已经成为决策的重要依据，也是预测未来的重要手段。智能技术使得许多设备和系统具备了智能化特征。通过人工智能、机器学习等技术，可以实现自动化决策、自主导航、语音识别等功能，提高了生产效率和生活品质。智能技术打破了传统行业之间的界限，使得不同行业之间的融合成为可能。例如，互联网和金融、医疗和科技、教育和娱乐等领域的跨界融合，带来了新的商业模式和服务模式。数字化时代使得信息和资源的共享变得更加容易。互联网的普及使得全球范围内的交流和合作成为可能，开放源代码、共享经济等模式也加速了知识和资源的流动。

数字化教育资源的智能技术和手段可以为教育带来许多优势和可能性，使得教育更加个性化、高效化和智能化。数字化教育资源的智能技术包括人工智能、虚拟现实（VR）、区块链等，这些技术手段能够为教育带来许多优势和可能性。人工智能在数字化教育中的应用主要体现在学习分析、智能推荐、智能评估等方面。通过对学生的学习数据进行分析，能够为学生提供个性化的学习路径和资源推荐，同时也可以为教师提供更加客观、准确和高效的学习评价。虚拟现实技术可以为学生提供身临其境的学习体验，使得学习变得更加直观和有趣。例如，通过 VR 技术，学生可以亲身参与历史事件的重现、地理景观的探索以及科学实验的进行中，这不仅可以提高学生的参与度和主动性，还可以激发学生的学习兴趣和创造力。区块链技术在数字化教育中的应用主要体现在学籍管理、学历认证等方面。通过使用区块链技术，学生的学籍信息可以被安全地存储在区块链上，学历认证机构和雇主可以通过区块链验证学生的学历真实性，这可以大大提高学籍管理和学历认证的效率和安全性。这些手段可以帮助教育机构更好地了解学生的学习情况和需求，从而为学生提供更加个性化、精准化的学习服务。同时，这些

手段也可以提高教育教学的效率和质量，使得教育更加高效和智能化。

举例来说，数字化教育资源在生物医学工程交叉学科中的信息技术和智能手段推动着生物医学工程教育的发展和创新。一是数据采集和处理。数字化技术可以帮助研究人员和医生采集、存储、处理和分析大量的生物医学数据，如基因组学、蛋白质组学、代谢组学等数据。这些数据可以用于疾病的诊断、治疗和预防，以及药物研发和个性化医疗等方面。二是医学影像技术。数字化技术可以改进医学影像的质量和可靠性，提高医学影像的获取和处理速度。例如，数字化 X光、CT、MRI 等影像技术已经成为现代医学诊断的重要手段。三是医疗设备智能化。通过数字化技术，医疗设备可以实现智能化和远程化，提高医疗服务的效率和安全性。例如，远程手术、智能康复设备等都已经得到了广泛应用。四是生物信息学。数字化技术可以帮助研究人员分析和处理大量的生物信息数据，如基因序列、蛋白质结构和相互作用等。这些数据可以帮助人们更好地理解生命的本质和疾病的发生机制。五是虚拟现实与增强现实。数字化技术可以通过虚拟现实和增强现实技术，提供更加逼真和生动的医学模拟和训练环境，提高医学教育和培训的效果。通过数字化技术的不断创新和应用，可以推动生物医学工程领域的发展和进步，为人类的健康事业作出更大的贡献。

二、数字化资源的均衡配置与教育公平

在数字化转型背景下，数字化技术为教育资源的优化配置提供了新的可能性，使得优质教育资源能够更加广泛地传播和共享，有助于缩小城乡教育差距、促进教育公平。实践证明，教育数字化的跨时空性、自由开放性和精准性等新特质，在进一步优化优质教育服务供给结构方面释放了强大的动能，在促进教育公平和提高教育质量上大有可为。

首先，数字化资源均衡配置有助于缩小城乡教育差距。在传统教育模式下，城乡之间的教育资源分配存在较大差异，而数字化技术的应用可以突破地域限制，数字化教育平台可以让教育资源更加均衡地分配到不同地区和学校，从而解决资源匮乏和不均衡的问题，使得城乡学生都能够享受到优质的教育资源。一方面，教育平台可以提供全国范围内的数字化教育资源，为全国各地的学生提供相同的学习机会和平台，从而消除了地理位置的限制，使得学生可以获得更加公平

的教育资源。另一方面，数字化教育平台还可以通过在线直播、远程教学等方式，让优质教育资源更加有效地传递到基层学校和教育机构，农村地区的学生也能够接受高质量的教育，提高自身素质和能力，促进个人发展，从而解决资源分配不均衡的问题。此外，数字化教育平台还可以通过智能化的学习推荐系统，让每个学生都能够获得最适合自己的教育资源和学习方式，进一步提高教育资源的利用率和公平性。教育部持续实施的"慕课西部行计划 2.0"，面向西部所有高校提供 19.22 万门慕课及定制化课程服务，帮助西部地区开展混合式教学 446.77 万门次，学生参与学习 4.95 亿人次，教师参与慕课应用培训 183.24 万人次，显著缩小了区域教育差距，促进了优质资源共享。

其次，数字化资源均衡配置有助于实现教育资源的共享和优化配置。数字化技术可以将分散的教育资源存储在云端或数据中心等集中式存储设施中，教育资源的管理者通过数字化平台对各种资源进行集中管理，然后根据不同地区、不同学校的需求，实现资源的自动化管理和智能化调度。同时，数字化技术还可以对教育资源的使用情况进行实时监控和评估，为管理者提供科学的数据支持。通过对数据的分析，可以更好地了解资源的使用情况和使用效果，从而更加科学地规划和配置教育资源。这不仅可以避免资源的浪费和重复建设，还可以为学校和教育机构提供更加便捷、高效的管理和服务，提高教育资源的管理效率和使用效果。通过校际的教育资源共享平台，各学校可以将自己的优质课程、课件、素材等资源上传到平台集中管理和调度，并与其他学校进行共享。这不仅提高了教育资源的利用效率，也促进了学校之间的交流和合作。通过国际在线教育平台，数字化技术将全球范围内的优质教育资源进行集中管理和调度，用户可以通过该平台方便地获取各种在线课程、学习资料、教学视频等资源，并根据自己的需求进行个性化学习。这使得优质教育资源得以共享，促进了教育的公平发展。通过高校建立的数据中心，学校可以统一管理各种硬件、软件资源，提供云服务、虚拟化桌面等技术支撑，将全校的教育资源进行集中管理和调度，使得全校师生可以更加方便地获取和使用各种教育资源。这提高了教育资源的管理效率和使用效果，也促进了学校的数字化转型。

由此可见，数字化教育资源均衡配置与教育质量之间的关系密切相关。一方面，数字化教育资源的均衡配置可以提高教育质量、教育资源的形态和传播方式，为学生提供更广阔的学习机会和更丰富的学习资源。通过智能学习终端和数字化教育平台，学生可以随时随地获取优质的教育资源，提高学习效果和知识水平。同时，数字化教育资源可以激发学生的学习兴趣和动力，培养学生的自主学习和创新能力，提高学生的综合素质。另一方面，数字化教育资源的均衡配置可以促进教育公平，使得不同地区、不同层次的学生都能获得同等的学习机会。数字化教育资源也可以降低教育成本，使得更多的学生能够接受高质量的教育，推动教育的普及化和公平化。

三、数字化赋能教师专业发展的资源共享

国家"十四五"规划和 2035 远景目标纲要提出，"以数字化转型整体驱动生产方式、生活方式和治理方式变革"。从教育数字化服务基础来看，高共享性特征的数据一体化建设可以支持教育数字化转型，提升教育生态系统建设。通过数字化资源共享，教师可以获取丰富的教学资源和专业化的培训机会，从而不断提高自己的教学水平和专业素养，促进教师专业成长。数字化资源共享有助于教师获取最新的教学方法和教学理念，了解学科发展的最新动态，提高自身的教学水平和能力，从而调整教学策略，为学生的学习和发展提供更好的支持和服务。数字化资源共享为教师提供了一个交流与合作的平台，教师可以与其他教师分享自己的教学经验和教学资源，共同探讨教学问题，形成合作共赢的局面。数字化资源共享使得优质教育资源得以共享，不同地区的教师和学生都可以获取到同样的优质教育资源，有助于缩小城乡教育差距，促进教育公平。随着数字化教育的不断发展，教师需要不断更新自己的教育观念和技能。数字化资源共享可以帮助教师了解数字化教育的最新动态和趋势，提高自己的数字化教育技能和实践能力。由此可见，只有加强数字化资源共享，才能更好地推动教师的专业发展，提高教育的质量和效果。

数字化资源共享对学生的学习情况具有积极的影响。数字化资源丰富了学习内容，为学生提供了传统教学资源无法比拟的多媒体资料、互动模拟实验、在线课堂等，使学生能够更加全面地学习和理解知识，提高了学习兴趣和好奇心。数字化资源满足了学生个性化学习需求，能够根据学生的学习目标和水平，提供个性化的学习内容和学习计划，学生可以根据自己的学习节奏和能力进行学习，提

高学习效果和学习成绩。数字化共享使得教育资源得到更加合理、高效的利用，学生可以更加便捷地获取所需的学习资源，减少获取知识的时间成本，提高学习效率。数字化资源的应用可以为学生提供更加灵活、多样化的学习方式和手段，增强学习的互动性和参与感，提高学习效果和自信心，改善学习体验。数字化资源的应用可以培养学生的自主学习能力，学生可以根据自己的兴趣和需求进行自主学习，提高自我管理和自我发展能力，促进自主学习。

数字化赋能教师专业发展的资源共享可以从多个方面展开。一是共享数字化教学资源。教师可以利用数字化教育平台和智能终端，获取丰富多样的教学资源，如课件、教案、视频、图片等，为教学提供有力支持。同时，教师也可以将自己的教学资源上传至平台，与其他教师共享和交流。二是共享数字化学习平台。数字化学习平台可以为教师提供在线教学、学生管理、课程管理等功能，方便教师开展线上教学活动。通过数字化学习平台，教师可以与学生进行实时互动，及时了解学生的学习情况，提高教学效果。三是共享数字化教研资源。数字化教研资源可以为教师提供丰富的学科知识和教学方法，帮助教师提高教学水平和专业素养。例如，在线教育论坛、学科教研网站等都可以为教师提供学习和交流的平台。四是共享数字化评估工具。数字化评估工具可以帮助教师及时了解学生的学习进度和效果，为教师提供数据支持和分析，帮助教师调整教学策略和提高教学质量。例如，在线考试系统、学习管理系统等都可以为教师提供评估工具。五是共享数字化培训资源。数字化培训资源可以为教师提供专业化的培训和学习机会，帮助教师提高数字化教育能力和综合素质。例如，在线培训课程、教育技术博客等都可以为教师提供学习和培训的平台。

加强数字化赋能教师专业发展的资源共享需要政府、学校、教师和社会各界的共同努力。政府需要建设数字化教育资源平台，整合各类优质教育资源，为教师提供便捷的资源获取途径和交流平台，鼓励教师积极参与资源建设，分享自己的教学经验和优质教学资源，促进资源的共建共享。学校需要完善数字化教育基础设施，提高学校网络覆盖率和数字化设备配备率，为教师提供良好的数字化教学环境，加强数字化教育技术的培训和指导，提高教师的数字化教育技能和实践能力。教师需要积极探索数字化教育模式和教学方法，推动数字化教育资源的优化和更新，建立数字化教育资源的评价机制，对优质教学资源进行奖励和推广，提高资源质量和使用效益。在社会各界的共同努力下，建立数字化教育资源共享机制，明确资源共享的规范和流程，促进资源的有效利用和共享，形成共建共享的良好生态。

第三节 数智互联：数字化赋能教师专业发展的云端平台

数智互联的快速发展正为教育领域带来革命性的变化。在这个以数智互联为中心的时代，教育不再局限于传统的教室教学，而是通过技术和数据的互联互通，为学生提供更加个性化、多样化和高效的学习体验。数智互联赋能教师专业发展的转型升级，其本质是以新兴技术为主要手段，以信息数据为核心要素，将数字技术、数字思维应用于教师专业发展全过程。教师专业发展的云端平台，就是数字化赋能教育教学管理、教育教学决策和教育教学服务的方式、流程、手段、工具等进行全方位、智能化、系统性功能重塑和流程再造；其要义是要提高教师专业发展效能，助力教师专业发展提升和赋能教师专业发展的创造能力。

一、云端平台的教育生态与数智互联

教师专业发展云端平台的教育生态既是一个复杂而多元的系统，也是一个充满活力和机会的系统。它充分利用了云计算技术的优势，为教师提供了一个全方位、一站式的教育信息化服务平台。这个平台不仅具有超大规模、虚拟化、高可靠性和通用性等特性，还以教师为核心要素，通过提供丰富的教学资源和教研机会，以及科研引领等方式，为教师、学生、家长和管理者提供了一个共享交流的空间，形成了一个可循环的优质资源生态圈，为教育的信息化和现代化作出积极贡献。

在这个生态圈中，教师是核心要素之一。云端平台为教师提供了丰富的教学资源和素材，包括自己制作的教学内容和相关资料，以及在平台中搜索并选择使用的教学素材。这些资源既丰富了教师的教学内容，也开拓了教师的视野，让他们能够跳出自己的局限，重新制定教学思路，让每一节课都充满新鲜感。这种资源生态的丰富性和开放性，为教师的专业发展提供了有力支持。

此外，教师专业发展云端平台还注重教研活动的开展。利用教师空间和网络教研，教师可以在区域内或跨区域进行方便的教研活动，解决众多教师参加教研活动的时间不一致的问题，实现异步交流。这种方式的教研活动不仅拓展了传统教研的边界，丰富了其内涵，还为教师的专业成长提供了新的路径和机会。

同时，科研引领也是教师专业发展的重要方面。在云端平台上，科研引领与教育信息化紧密结合，找准教育信息化的焦点，特别是课堂这一主阵地。通过信息化环境的建设、数字资源的开发、教师信息技术素养的提升和教育云的落地，最终在课堂上得到体现并发挥作用。这种以科研为引领的教师专业发展方式，有助于提升教师的教育理念和教学水平，推动教育信息化的发展。

教师专业发展云端平台的数智互联，是指通过移动通信和互联网的结合，为教师提供专业发展的资源和支持。云端平台的移动性，使教师可以在任何时间、任何地点通过手机、平板电脑等移动设备访问云端平台，获取专业发展的资源和学习机会。云端平台为教师提供了灵活的在线培训和学习机会。教师无须时刻前往培训机构，只需通过互联网便能参与在线研讨会、课程培训和研究讨论，极大地节省了时间和成本。这使得教师可以根据自己的时间和需求，选择适合自己的培训内容，提升自己的专业水平。

云端平台的互动性，支持教师之间的互动和协作，教师可以共同学习、交流心得，形成专业社群，互相支持。为教师提供了交流与合作的机会。教师可以通过在线社区、论坛和协作平台与其他同行分享经验、交流观点，共同探讨教育难题。这种互动不仅丰富了教师的教学经验，还促进了教育领域的创新与发展。

云端平台的个性化，可以为教师提供定制化的学习资源和专业发展计划，满足教师的个性化需求。云端平台为教师提供了丰富的学习资源和教育内容。教师可以通过云端平台获得最新的教育理论、教学方法、课程设计等内容，不仅丰富了他们的专业知识，还帮助他们不断更新教育观念，保持敏锐的教育洞察力。

云端平台的智能化通过大数据和人工智能技术，对教师的学习行为和需求进行分析，为教师提供智能化的学习建议和支持。云端平台提供了便捷的教学工具和资源管理功能。教师可以利用云端平台设计教学课件、创建在线测验、管理学生作业等。这些工具不仅提高了教学效率，还使教学更加个性化和针对性，满足了不同学生的学习需求。最重要的是，云端平台为教师提供了数据分析和反馈机制。教师可以通过平台收集学生的学习数据，分析学生的学习情况，及时调整教学策略，提供有针对性的帮助。这种个性化的教学方式有助于提高学生的学习效果，为教师的专业发展提供了实际的证据和支持。

云端平台作为数字化工具的重要组成部分，以其便捷、灵活、共享的特点，在数字化赋能教师专业发展中扮演着至关重要的角色，不仅提升了教师的专业水平，也推动了教育领域的创新与进步。

二、数字化赋能教师专业发展的云端平台

近年来，教育部扩大优质资源和服务有效供给，以国家智慧教育公共服务平台、教师资格管理信息系统、教师管理信息系统构成"一平台两系统"的建设架构，推进教师队伍建设数字化转型，形成了一条新时代的强师之路。

国家智慧教育公共服务平台。国家智慧教育公共服务平台是由中华人民共和国教育部指导，教育部教育技术与资源发展中心（中央电化教育馆）主办的智慧教育平台。该平台聚合了国家中小学智慧教育平台、国家职业教育智慧教育平台、国家高等教育智慧教育平台、国家 24365 大学生就业服务平台等，旨在解决各类学习者在使用中遇到的资源分散、数据不通、管理不规范等问题，为全国高校师生和社会学习者提供高效便捷的教与学服务的国家级资源，为中央和地方教育行政部门和高校提供教与学大数据分析研判的智能化管理。此外，国家智慧教育公共服务平台还提供了德育、体育、美育、劳动教育等方面的课程资源，旨在促进学生全面发展。同时，该平台还提供了就业服务、考试服务、学历学位等服务，为广大学生和用户提供了全方位的教育服务。

国家智慧教育公共服务平台在未来的发展前景非常广阔。随着科技的不断发展，数字化、智能化、个性化将成为教育发展的重要趋势，国家智慧教育公共服务平台将在这方面发挥重要作用。首先，随着数字化转型的深入推进，平台将进一步整合各类优质教育资源，提供更加多元化、个性化的服务。例如，通过人工智能技术，平台可以根据学生的学习习惯、兴趣爱好和特长，提供定制化的学习计划和课程推荐，帮助学生更好地发掘自己的潜力。其次，国家智慧教育公共服务平台将进一步推动教育公平和均衡发展。通过互联网技术，平台可以将优质教育资源输送到全国各地，让更多的学生享受到高质量的教育服务。这将有助于缩小城乡、区域和校际教育差距，促进教育公平和均衡发展。此外，国家智慧教育

公共服务平台还将促进教育创新和改革。随着平台的发展和完善，将有更多的教育机构、企业和个人加入平台，共同开展教育研究和合作，推动教育创新和改革。例如，平台可以为学生提供更多的实践机会，促进产教融合、校企合作等模式的创新发展。最后，国家智慧教育公共服务平台还将为经济社会各领域提供数字化服务。除了服务于教育事业本身，平台还可以为其他领域提供数字化解决方案，如智慧医疗、智慧城市等。这将有助于推动经济社会各领域的数字化转型和智能化升级。

教师资格管理信息系统。教师资格管理信息系统是一个专门用于管理教师资格认证的在线平台。该平台以其方便、快捷、准确的在线优势，为教师资格认证和管理提供了全面的服务。一是教师资格认证申请：个人可以登录系统申请教师资格认证，填写相关申请表格，上传所需证明文件等。二是教师资格审核：系统可以对个人提交的申请进行审核，核实申请人的教育背景、教学经历等信息，确保其符合教师资格认证的要求。三是教师资格查询：通过该系统，个人可以查询自己的教师资格认证状态，了解认证进展情况。四是教师资格证书管理：获得教师资格证书的人员可以通过该系统查看自己的证书信息，进行证书的更新、换证等操作。五是教师资格培训：系统还可以提供教师资格培训的相关信息，帮助申请人了解培训要求和课程安排。

教师资格管理信息系统在推进教育管理现代化、规范认证流程、促进教师专业发展、提高教育质量和服务社会等方面具有重要意义，是符合时代发展需求的教育管理工具。一是信息化管理：教师资格管理信息系统采用信息化手段，对教师资格信息进行全面、准确的管理，提高了管理的效率和透明度。这有助于推动教育管理的现代化，提升教育管理水平。二是规范认证流程：通过教师资格管理信息系统，可以规范教师资格认证流程，确保认证过程的公正、公平、公开。同时，系统还可以对认证结果进行记录和统计，为教育行政部门制定相关政策提供数据支持。三是促进教师专业发展：教师资格管理信息系统可以帮助教师了解自己的资格状况，为其专业发展提供方向和动力。同时，系统还可以为教师提供培训和进修的机会，促进教师的专业成长。四是提高教育质量：教师是教育质量的关键因素之一。教师资格管理信息系统通过规范教师资格认证流程和提高教师专业水平，有助于提高教育质量，促进教育的持续发展。五是服务社会：教师资格管理信息系统不仅服务于教育行政部门和学校，还可以为社会公众提供查询和核实教师资格的渠道，增加信息的透明度，提升公众对教育的信任度。

教师管理信息系统。该系统是一个用于全面管理教师信息的系统，具有全面管理教师信息、提高管理效率、促进教师专业发展、提升教学质量和数据共享等优势。它有助于提高教育管理的水平和效率，提升教师的专业素养和教学质量，促进教育的持续发展。一是全面管理教师信息：教师管理信息系统可以收集、存储、更新和保护教师的基本信息，包括个人信息、教育背景、工作经历等。这有助于确保信息的准确性和完整性，为教育行政部门和学校提供全面的教师信息。二是提高管理效率：通过教师管理信息系统，管理人员可以快速查找、检索和更新教师信息，减少了人工操作的时间和精力。此外，系统还可以对教师信息进行分类、排序和统计分析，为决策提供数据支持。三是促进教师专业发展：教师管理信息系统不仅关注教师的个人信息，还关注教师的专业发展。系统可以记录教师的培训、进修和职业发展情况，为教师提供个性化的职业发展建议和支持。四是提升教学质量：教师管理信息系统可以帮助管理人员了解教师的教学质量和发展情况，为教师的晋升、奖励和惩罚提供依据。这有助于激发教师的教学积极性和创造性，促进教学质量的提升。五是数据共享和动态更新：教师管理信息系统可以实现与其他教育管理信息系统的数据共享和交换，确保教师信息的实时性和准确性。此外，教师本人也可以随时更新个人信息，确保信息的准确性。

综上所述，云端平台通过云计算、大数据、人工智能等信息技术手段，打造数字化、智能化的教师培训和管理平台，是提升教师的专业素养和教学能力，促进教师的职业发展的信息化路径。

三、数字化赋能教师专业发展云端平台的迭代升维

在数智互联的新时代下，"数智"强调数据的价值，"智慧"的共享，这是"数智"时代"数"与"智"的核心含义。但是"数智"时代绝非仅凭数据与"智慧"就足以影响教育，更关键的作用机制是"数智赋能"教育，这就涉及"数智"技术架构教师专业发展云端平台的迭代升维。

迭代升维是指不断地对平台进行升级和改进，以提升平台的功效和性能。随着教育信息化和教师专业发展的不断深入，教师专业发展云端平台也需要不断地

进行迭代升维，以适应教师发展的需求和变化。对于教师专业发展云端平台来说，迭代升维是一个持续不断的过程，需要不断地收集用户反馈、分析需求、优化设计、改进功能，以提升平台的质量和效果，帮助教师提升自己的专业素养和教学能力，在"数智"赋能中适应超越传统时空观的教育形态。

技术升级与更新：随着科技的快速发展，云端平台的技术也需要不断升级和更新。平台可以引入新的技术和工具，如人工智能、大数据分析等，提升平台的处理能力和智能化水平。同时，也需要保持技术的稳定性和安全性，确保平台运行的可靠性。例如，在医学教育中，通过虚拟解剖和手术模拟等技术，学生可以进行真实的医学实践训练；在艺术教育中，数字创意工具和在线分享平台让学生能够展示和交流自己的艺术作品。数智互联促进了教育领域与其他领域的跨界合作和创新。

功能优化与拓展：根据教师的实际需求和使用反馈，不断优化平台的功能，提高平台的易用性和实用性。例如，传统的教科书和纸质教材正在被数字化的学习资源所取代，可以增加个性化推荐功能，根据教师的兴趣和需求为其推荐相关的学习资源、在线课程和教育应用程序。同时，也可以根据教师的发展需求，开发新的功能模块，如教学评估、学生管理，虚拟现实和增强现实技术的应用等功能，使得学习变得更加生动和互动，学生可以参与各种实践和模拟体验。

资源整合与更新：整合优质的教育资源，包括课程资源、学习资源、专家资源等，为教师提供丰富的学习内容。同时，也需要定期更新和扩充资源库，确保资源的时效性和质量。可以鼓励教师共享自己的优质资源，发挥数据在数据资源配置中的基础作用，形成资源共享的机制，进而推动数据要素互联互动、互信互认、开放共享，促进基于可信知识的智慧不断涌现。

数据分析与改进：通过数据分析技术，对平台的使用数据进行分析和挖掘，了解教师的使用习惯和需求特点。根据数据分析结果，对平台进行优化和改进，提高平台的适应性和个性化服务水平。同时，也可以通过数据分析为教师提供学习建议和改进方案。在计算机中，所有字符或符号等数据都可以用物理状态表示，运算简单，节省设备。电子计算机以极高速度进行数据处理和加工，展现了极大的数据运算和存储能力。例如，图书情报与档案学科就通过数据电子化实现了削减实体文书的目标，推动传统领域的研究向数字化转型。

用户体验与改善：注重用户体验的提升，不断优化平台的界面设计和交互流程。通过用户调研和反馈收集，了解教师的使用感受和需求，针对性地进行改进。同时，提供简洁明了的操作指南和帮助文档，方便教师快速熟悉平台的使用。许多高校已经成功地运用数智化解决方案来改善教师体验。例如，MOOC 平台通过数据分析，能够根据教师历史查询记录推荐适合的教学资源；数智化解决方案帮助教师在不同渠道（如网站、社交媒体、应用）上提供一致的用户体验，使教师能够无缝地切换渠道，保持一致的互动感受。

社区建设与互动：建立积极的社区氛围，鼓励教师之间的互动和分享。通过在线论坛、社群等渠道，促进教师之间的交流和学习。定期举办线上线下的活动，如研讨会、工作坊等，提供更多面对面交流的机会，也可以邀请教育专家举行讲座或分享，为教师的专业发展提供更多的支持。比如，依托数智技术打造社区智慧教育共同体，嵌入了资源聚合平台（集成校企各类专业人才、校企和周边学校等）、教育教学融合平台（云教育教学平台、教育教学大数据库等）、发展造血平台（产教融合实验中心、学科交叉平台等）等，为高校提供数智化治理工具，为教师提供便捷化参与社区建设与互动的渠道，并根据需求不断推进教师专业发展云端平台的数智技术和迭代升级。

反馈与评价机制：建立有效的反馈和评价机制，鼓励教师对平台的使用体验进行反馈和评价。通过定期收集反馈和评价信息，及时了解教师的需求和改进意见，针对性地进行改进和优化，通过评价机制对平台的服务质量进行监督和管理。在数智融合背景下，评价方式正朝着数字化和智能化方向发展，通过利用大数据分析、人工智能等技术，教学评价可以基于更广泛的数据，如学生的学习进度、在线参与度、作业提交情况等，实现对教师教学行为的多维度、客观评价。这种方式有助于提高评价的科学性和准确性，更全面地反映教师的教学实力和学生的学习成效。

培训与支持服务：为教师提供全面的培训和支持服务，帮助教师更好地利用云端平台进行专业发展。可以提供在线培训课程、操作指南、技术支持等服务，确保教师在使用过程中得到及时的帮助和支持，也可以根据教师的实际需求提供定制化的培训和支持服务。初级的在线学习服务技能主要集中在在线学习的咨询服务、辅导服务及社群服务三个工作领域。其中包括对于教师学习需求的分析、学习路径的规划、学前培训辅导、过程辅导、复盘辅导等，除此之外，还包括学习社群的运营服务、家长社群的运营服务，达成相关的营销目的。中级的在线学习服务技能主要集中在教学督导、数智化教学辅导及质量测评等领域，其中包括在线学习质量督导、进度督导、效果督导，数智化教学辅导规划、教学辅导实施、教学辅导管理，在线学习质量测评、教学质量测评、学习服务质量测评等。高级的在线学习服务技能主要集中在服务管理、服务设计及服务创新领域，其中包括在线学习服务业务管理、团队管理、信息安全管理、在线学习服务规划设计、体系设计、体验设计、技术创新、模式创新、理念创新等。

通过以上措施的综合运用，教师专业发展云端平台可以实现迭代升维，不断提升自身的服务水平和质量，更好地满足教师的专业发展需求。这不仅可以提高教师的教育教学水平，也有助于推动教育的数字化转型和发展。

教师专业发展云端平台适用于所有学科的老师，有助于推动教育的信息化和现代化。虽然不同学科的教学内容和方式有所不同，但教师专业发展云端平台提供的教学资源、教研机会和创新探索等方面的支持是通用的。所有学科的教师都可以在平台上找到适合自己的教学资源和学习方式，提升自己的教学水平和专业素养。此外，云端平台还可以根据不同学科的特点和需求，提供更具针对性的教学支持和服务，以满足不同学科教师的专业发展需求。总之，数智互联以其在教育领域的应用为中心，正在推动教育向着个性化、多样化和创新化的方向发展。随着技术的不断进步和应用的深入，我们可以期待未来教育将在数智互联的引领下焕发出全新的活力与可能性。

第四节 教师专业发展的数字化教学案例三
——"免疫学基础"在线开放课程

"慕课"这个词第一次出现是在 2008 年，它是由 Stephen Downes 和 George 提出的，根据的是同伴学习模式中的"连通性"。慕课的英文全称是 Massive Online Open Course，缩写为 MOOC，将它的英文全称翻译过来就能够得到慕课的三大特点，分别是"大规模""开放"以及"在线"。MOOC 的诞生具有时代的特性，是时代发展的产物,具有浓烈的"社会性"。其中"大规模"意味着该课程学习不同于传统的课堂教学,在线学习的人数上没有限制,可以多达几万甚至是几十万上百万的规模。MOOC从诞生到快速发展,是因为其本身能够自行产生和协调发展,符合事物发展的规律性。"在线"指的是慕课学习主要是在网络上进行,不受时间和空间的影响,学习者可以根据自己的喜好和特色选择教学,个性化学习指学习是学习者个体的行为,其学习过程完全是个性化的。在线的实时交互性,实现了学习的及时反馈,提升了学生参与的积极性和学会惯性思考,从而有效地提高学生的学习效果。"开放"指的是学习者不受地理位置的限制,能够在网络上学到来自世界各地不同学校不同组织发布的优质课程。参与课程的人越多,效果就会越好。开放性强调资源的共享性。资源共享是现代社会和现代教育的根本特性。开放性意味着世界所有的学习者只要拥有互联网上网的条件,就能够享受免费的优质教育资源。

2012年,慕课在美国迅速流行起来,并逐渐在全球范围内发展成为一种有影响力的在线学习方式。随着慕课的快速发展,慕课的平台已经从原始的Coursera,edX和Udacity三个平台扩展到全球20多个平台,课程总数已达到数千个。国内很多的企业、高校也开始采取各种行动,果壳网、超星慕课等网站收集并且上线了各种各样的慕课,很多高校也开始设计和开发慕课。慕课不仅是对现有高等教育的一种补充,它开辟了网络教学(e-Teaching)和网络学习(e-learning)的数字化新时代。

在国外慕课得到快速发展的情况下,我国也推出了很多与其相关的政策,以推进慕课的发展。2015年,教育部发布了《教育部关于加强高等学校在线开放课程建设、应用和管理的意见》①,指出今后的重点任务是建设一批大型的在线学习课程,以慕课作为其中的代表。希望各大高校能够最大程度地发挥自己学校的优势,针对目前学校开设的各类高质量的公共课程、专业课程,能够开设与其相对应的在线课程。慕课开始在我国教育数字化建设过程中占据越来越重要的

---

① 教育部关于加强高等学校在线开放课程建设应用与管理的意见(教高〔2015〕3号)〔EB/OL〕.(2015-04-16)〔2023-12-29〕. http://www.moe.gov.cn/srcsite/A08/s7056/201504/t20150416_189454.html.

位置。

　　中国的 MOOC 平台主要包括：中国大学 MOOC、网易云课堂、学堂在线等。这些平台为广大学生提供了大量优质的在线课程，涵盖了多个学科领域。中国大学 MOOC 是由高等教育出版社有限公司旗下的软件，拥有超过一万门开放课程和 1400 多门国家级精品课，与 803 所高校有合作关系，已经成为国内最大的中文慕课平台之一。网易云课堂则与爱课程携手打造了"中国大学 MOOC"，旨在提供高质量的在线课程。此外，还有清华大学牵头成立的"学堂在线"等平台。这些 MOOC 平台不仅为学生提供了丰富的课程资源，还促进了教育公平和教学改革。学生可以根据自己的兴趣和需求选择合适的课程，提高自己的学习水平和知识储备。同时，MOOC 平台也使得优质的教育资源得以广泛分享，为那些来自教育资源相对匮乏地区的学生提供了平等接受高等教育的机会。

　　慕课对全世界教育数字化以及数字化赋能教师专业发展发挥着促进和引导作用，是实现"2030 年可持续发展议程"目标 4（Sustainable Development Goal 4，SDG4）[①]的重要工具，同时，慕课这一教育形式还可以实现全世界的教育资源实现共享，从而促使教育的共同发展。对于教师而言，慕课开发过程中的每个环节都发挥着自己独特的作用。教师在慕课情境中不再只是教授知识的人，还是慕课开发团队负责人、慕课教学设计者、慕课制作人、慕课项目管理者。

　　本案例立足于教师专业发展的视角，融合"中国大学 MOOC 平台"中优质课程的精华，以"免疫学基础"课程为个案，探讨数字化赋能教师专业发展的学科架构、资源分享和云端平台数字化赋能的实践路径。

一、课程简介

　　免疫学基础（Immunology）研究免疫系统的组成、功能以及相关疾病的机制，发展有效的免疫措施达到预防与治疗疾病的目的。它涉及多门学科知识，如组织解剖学、生理生化学、分子细胞生物学、遗传学、病理学及临床医学，是一门多学科相互渗透的前沿学科。免疫学与医学的发展密切相关，是生物技术专业的一门核心专业必修课，其任务是培养学生运用免疫学知识探究疾病的发生、发展机

---

①　联合国 2030 年可持续发展议程［EB/OL］. https：//www.un.org/sustainabledevelopment/.

制、为疾病的诊断、治疗及预防提供理论依据，为学习其他生物技术奠定必要的基础，也为将来适应医学数字化的发展及从事生命大健康相关工作，指导临床合理用药作必要准备。

本学科会使初学者不可避免地感到概念多，头绪不清，压力较大。因此，在教学过程中我们需要抓住核心知识点，使学生站在较高层次上去观察分析思考免疫学全貌及内在联系；同时将我国著名的免疫学专家、学者及其贡献和奉献穿插于知识点的讲解之中，让学生对科学家的爱国情怀感同身受。本课程内容由浅入深，循序渐进。以免疫系统的组成与功能为基本内容，以免疫应答为重点，适当介绍临床免疫和当前的前沿进展。理论课教授包括常规课堂讲授、文献查阅、小组讨论交流、论文撰写等形式，以期培养学生正确认识、分析、解决问题的能力，奠定免疫学基础理论知识。国家教育信息化 2.0 行动计划的实施和"互联网+教育"的发展给教育教学改革带来了机遇，也给教育提供了更加灵活、更加适合学生特点的教学方法。因此自 2018 年开始学校对课程进行数字化教学改革，旨在打造适合学生特点和满足培养需求的线上课程体系。

二、课程设计及实施

1. 课程设计思路

免疫学基础教学秉承 OBE（Outcome-Based Education）成果和目标导向的教学理念，以行业需求为导向，以应用为目的，以能力为中心，关注科技动态、紧跟学术前沿，及时更新教学内容，不断优化教学设计。课程设计的重点是培养专业素质过硬，生物产业实践能力突出的专业拔尖人才，满足科研和产业双重用人需求（图 3-1）。

（1）培养目标与内外需求相适应——教学设计从"需求"开始

国家与社会的需求为宏观需求，是制定学校人才培养总目标的主要依据；行业与用人单位的需求为微观需求，是制定专业人才培养目标的主要依据。生命大健康国家战略发展的需求决定了生物技术人才不仅需要专业理论扎实，更需要创新实践能力。人才培养目标的确立，应考虑当前需求与长远需求相协调，多样性的需求与学校办学和人才培养定位相匹配。生物医药领域行业与用人单位的需求

97

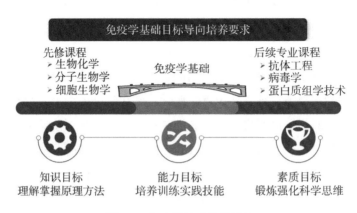

图 3-1 免疫学基础培养目标

是构建专业教育知识、能力和素质结构的重要依据。因此在确定免疫学基础培养目标时，要正确处理这种需求的功利追求与价值理性及其专业性追求与专业适应性之间的矛盾。

（2）培养目标是确定毕业要求的依据；毕业要求是达成培养目标的支撑

培养目标是对毕业生在毕业后 5 年左右能够达到的职业和专业成就的总体描述。它是专业人才培养的总纲，是构建专业知识、能力、素质结构，形成课程体系和开展教学活动的基本依据。毕业要求是对学生毕业时所应该掌握的知识和能力的具体描述，包括学生通过本专业学习所掌握的技能、知识和能力，是学生完成学业时应该取得的学习成果。尽管毕业要求包含知识、能力、境界三个层面，即知、能、信，但掌握知识的目的是应用和创造知识，而应用和创造知识需要技能和创造力，归根到底还是一种能力。境界是一种心灵认识，是心灵对各种现象领悟的程度或觉悟的高度，也可以说是一种驾驭精神世界的能力。免疫学基础课程的培养目标不仅要促进学生达到应有的职业技能高度，更要与时俱进，培养学生形成正确的世界观和爱国主义精神，在人生道路上奋勇向前。

（3）毕业要求是构建课程体系的依据；课程体系是达到毕业要求的支撑

构建课程体系时，要注意知识、能力、素质结构的纵向和横向关系（横向，在同一层次课程间建立课程平台；纵向，在不同层次课程间建立课程串）。

各课程模块之间的关系。要合理确定各免疫学课程模块之间的学时比例，在保证学生具备完整知识结构的前提下尽量提升提出问题、思考问题、解决问题的能力，防止知识的零碎与割裂。

课内与课外的关系。要转变教学观念，改革教学方法，正确处理课堂讲授与课外学习的关系。大力推进数字化在线学习、碎片化知识强化和研究型教学模式，将知识课堂变成学问课堂，将句号课堂变成问号课堂，将教学内容在时间和空间上从课内向课外延伸，让学生真正成为学习的主人。

线上与线下的关系。免疫学基础采取线上线下混合式教学模式，因此如何联通线上、线下教学内容显得尤为关键。采用六步法混合式教学模式，将线上、线下各3步学习过程有机融合(详见第一章)，实现学生的个性化学习和自主探索。

(4)毕业要求是确定教学内容的依据；教学内容是达到毕业要求的支撑

成果导向的教学设计要求免疫学教学大纲的编写，必须首先明确课程对达到毕业要求的哪几条有贡献，然后对这几条毕业要求逐条确定与之相对应的教学内容，然后确定完成这些教学内容所需的教学时数。显然，成果导向教学设计的教学大纲，是按所涉及的毕业要求的条目(而不是按教材的章节)编写的。这样，对于每一堂课，无论是老师还是学生都会十分清楚，自己所教或所学对达到毕业要求的贡献，故而使老师教得明白、学生学得明白。

依托武汉科技大学在线教学平台建成集视频、文件、习题、讨论、讲座、测验、考试等于一体的线上教学资源库，开展探究式教学，改革教学评价体系，大力推进思政元素与教学过程的有机融合，既强调知识的学习，又注重能力和素质的培养。

2. 课程教学目标

免疫学基础数字化教学改革遵循"学生为主体，教师为主导"的原则，采用线上教学模式，既强调知识的学习，又注重能力和素质的培养(图3-2)。通过学习本课程使学生达到以下要求：

知识目标。理解免疫学的概念，建立免疫学的知识体系，系统掌握免疫学的基础理论和基本知识；了解我国著名免疫学家及其杰出贡献。

能力目标。正确解释疾病的发病机理、防治原则，说出常用免疫学检测指标的临床意义和某些药物的作用机制；具备良好的协作沟通能力。

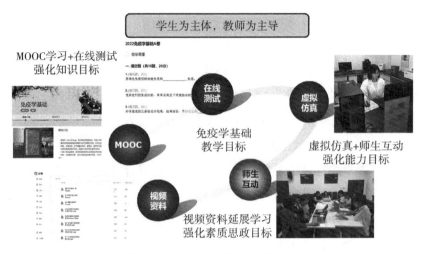

图 3-2　免疫学基础课程教学目标

素质思政目标。自觉认同践行社会主义核心价值观，养成严谨负责、实事求是的工作作风，具备"敬佑生命、大爱无疆"的职业精神和责任担当及强烈创新意识。

3. 课程内容

围绕课程目标，结合新工科建设，根据生物技术专业需求，将课程内容整合为免疫分子、免疫复合物、免疫系统、免疫调节四个知识模块，根据学生的知识基础及需求，突出免疫系统的功能，丰富临床专题免疫。

深挖课程中蕴藏的思政元素，将思政元素细化成价值理念、职业素养、科学精神三大模块，通过介绍免疫学发展历程和学科动态，讲好中国故事，剖析案例，分析免疫学原理和方法，研讨社会热点、致敬名人轶事等突出医德教育和人文关怀教育，引导学生深刻认识机体抵御病原体产生免疫的本质，增强课程内容的前沿性、应用性、人文性(图3-3)。

依托武汉科技大学数字化网络实训平台、临床实践教学平台开展实践教学，用实践丰富和补充理论。

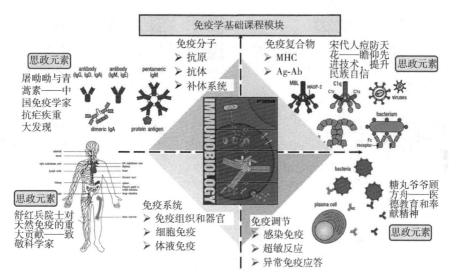

图 3-3　免疫学基础课程模块

4. 课程资源及制作

(1) 课程资源

利用武汉科技大学网络教学平台建设线上教学资源，包括章节教学要求、导学视频、教学视频(共 73 个，图 3-4)、课件(14 个，图 3-5)、习题(578 题)、电子书(6 本，图 3-6)以及专题讲座、思政案例、学术论文等拓展资源；辅以其他优质 MOOC 教学资源(图 3-7)，并利用虚拟仿真实验教学平台辅助理论教学。

图 3-4　免疫学基础教学视频

第01章 绪论
1.pptx

第01章 绪论
2.pptx

第02章 抗原
.pptx

第03章 抗体
.pptx

第04章 补体系统
.pptx

第05章 免疫组织
器官和细胞.pptx

第06章 主要组织
相容性复物.pptx

第07章 抗原抗体
反应及应用.pptx

第08章 细胞介导
的免疫应答.pptx

第09章 免疫调节
.pptx

第10章 感染免疫
与疫苗.pptx

第11章 超敏反应
.pptx

第12章 异常免疫
应答.pptx

专题 病毒感染与
天然免疫.pptx

图 3-5 免疫学基础课件

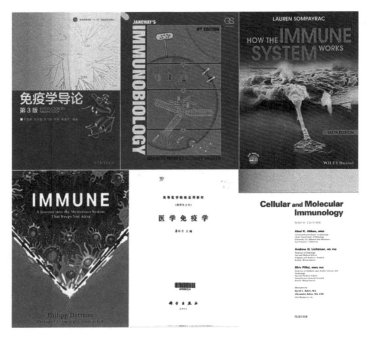

图 3-6 免疫学基础电子书

102

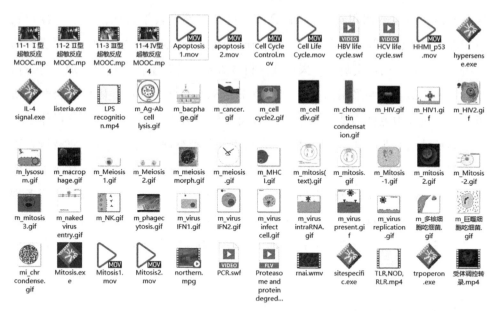

图 3-7 免疫学基础 MOOC 资源

(2)在线课程制作

在线课程的制作过程主要分为五个步骤：前期沟通、场地准备、拍摄流程、后期制作和课程上线(图 3-8)。

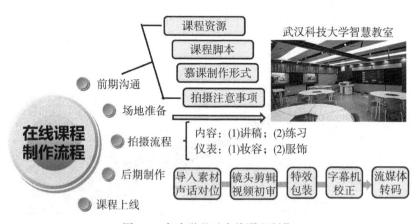

图 3-8 免疫学基础在线课程制作

前期沟通的内容有课程资源、课程脚本、慕课制作形式和拍摄注意事项。在准备好前文所述的课程资源(课程介绍、设计思路、教学目标、课程内容)后，进行课程脚本的撰写，获得语言简洁、通俗易懂的脚本。脚本类型以讲授类和演示类为主，辅以研讨类场景。采用武汉科技大学智慧教室作为拍摄场地，进行讲授的实地拍摄。慕课采用的 PPT 可包含简单动画效果，以便更好地配合教师讲解。拍摄过程中老师需要对讲解的内容反复练习并熟练掌握，且准备得体的着装。学校聘请专业的制作团队对拍摄素材进行分类整理、剪辑制作，将视频初稿交由制作方、教师和学校三方审核，并对各方审核的意见逐一修改，达到上线要求。此后在武汉科技大学网络教学平台上传视频，按照课程设计的模块形成条理分明、逻辑清晰的章节视频。其他课程相关材料也同步上传平台，包括：试题、拓展学习视频、各类资源、专题讲座等。经教师和学校审核后在平台发布在线课程。

5. 教学组织实施情况

采用线上自主学习与线下课堂讲授相结合的形式，注重知识传授、能力培养和思政教育的有机统一，将价值塑造、能力培养以主题讨论、问卷调查、案例解析、人物展示、故事重现等多种形式融入线上教学的步骤中。

课堂教学采用 BOPPPS 教学法(图 3-9)，展示案例，导入新课，阐明本部分

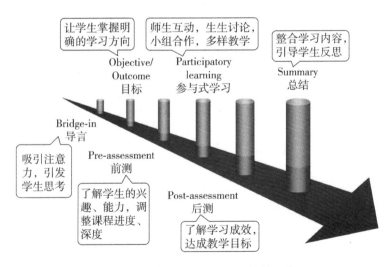

图 3-9 免疫学基础 BOPPPS 教学互动

的学习目标，检测学生知识基础，解答疑难点，创设情境、出示案例，发布任务，同时组织学生进行分析，通过在线答题、分组辩论、弹幕讨论等方式汇报展示学习成果，最后发布后测，根据作答情况进行内容梳理和总结。多种形式促进师生、生生互动并对学生的学习状况实施动态监控和实时反馈，激活课堂气氛。

分层施教布置不同难度的课后作业，做好针对性的课后辅导，鼓励学生积极参加课程相关的科研和产业项目实践，进入企业参观最新产业发展方向；发挥学生主观能动性，与在校研究生合作开展课题研究，强化知识的应用与升华，提高学生解决实际问题的能力，实现产教融合协同育人。

三、课程评价

课程采用多元评价体系，过程性评价、表现性评价和总结性评价缺一不可，平时成绩（50%）和期末成绩（50%）比重相当，将能力和素养纳入考核内容。考核形式包括教师评价、学生自评、学生互评。过程性考核包括考勤、作业、线上教学资源学习、随堂测试、课堂讨论、展示汇报等，将学生协作能力、创新意识、学习态度等纳入考核范围，总结性考核增加了应用性、综合性、分析性题目比重，着重考查学生的知识理解和运用能力，实现考核主体、考核方式、考核内容的多元化，体现了课程评价的广度和深度，科学全面地评价学生的学习效果（图3-10）。

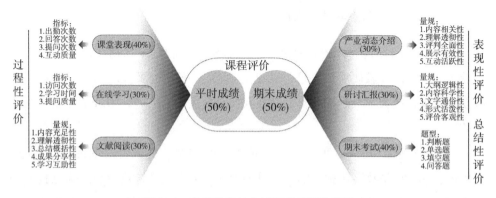

图 3-10　免疫学基础全过程多元评价体系

四、课程建设特色

1. 优化教学内容，增强课程内容的高阶性

教学内容注重理论知识与产业前沿应用的结合，围绕生物技术行业需求对课程内容进行更新和整合，通过模块化课程教学内容、多样化课程思政形式、实践与教学有机结合使教学有效贴近专业、贴近岗位、贴近社会，增强了课程内容的高阶性。

2. 完善线上教学流程，满足学生个性化学习需求

灵活运用信息化教学技术，建设线上教学资源，使课程从传统的线下有效延伸到网络、虚拟空间，使学习有效延伸到课前和课后，打造差异化学习路径，满足学生多元化、个性化发展需求。

3. 教书与育人并重

以立德树人为核心，深度挖掘课程内容中蕴藏的思政元素，突出教师在课程思政教育中的关键作用，采用"一启迪四融合"的课程思政教学模式（详见第二章），思政元素融入教学各环节，培养学生的科学精神，引导学生关注生命健康，提升职业素养，做到知识传授与培养育人并重。

五、课程建设总结及规划

"免疫学基础"在线课程登录武汉科技大学网络教学平台后，课程负责人申请获批湖北省高校教研项目 1 项，获批立项/完成多项校级教改项目。负责人连续获评武汉科技大学教学优秀奖，荣获武汉科技大学第四届教师教学创新大赛一等奖。

"免疫学基础"在线课程案例展示了 MOOC 与数字化教育之间的密切关系。可以说，MOOC 是数字化教育的一种重要形式。数字化教育强调利用信息技术手段实现教育的数字化转型，而 MOOC 作为大规模开放在线课程，正是数字化教育的一种典型应用。首先，MOOC 是数字化教育的重要组成部分。MOOC 利用互联

网和信息技术手段，将优质教育资源开放给社会公众，推动了教育的普及化和优质化发展。同时，MOOC 的在线学习、互动交流、个性化学习等特征也符合数字化教育的理念和要求。其次，MOOC 在数字化教育中起到了创新引领的作用。MOOC 的出现对传统教育模式产生了冲击，推动了教育观念、教学方式、评价方式等方面的变革。同时，MOOC 也为数字化教育的发展提供了经验和借鉴，促进了数字化教育的不断完善和发展。最后，数字化教育也为 MOOC 的发展提供了支持和保障。数字化教育倡导的资源共享、个性化学习、在线互动等理念为 MOOC 的发展提供了理论基础和技术支持。同时，数字化教育的发展也为 MOOC 的推广和应用提供了更广阔的平台和机会。

MOOC 对教师的专业发展产生了重要的影响。一是教学理念的转变：MOOC 使得教师需要重新审视自己的教学理念，从传统的以教师为中心的教学模式转变为以学生为中心的教学模式。教师需要更加注重学生的需求和个性，培养学生的自主学习和创新能力。二是教学内容和方法的更新：MOOC 要求教师不断更新教学内容和教学方法，以满足学生的需求和提升课程的吸引力。教师需要掌握现代化的教育技术，运用多媒体和网络资源，创新教学方式，提升教学质量。三是增强团队协作能力：MOOC 的制作和运营需要教师团队的协作，教师需要与团队成员沟通交流，共同制定课程大纲、设计教学活动和评估学生学习成果。这种团队协作有助于提升教师的沟通和合作能力。四是提升专业素养和技能：为了制作高质量的 MOOC 课程，教师需要不断提升自己的专业素养和技能，了解学科前沿和发展趋势，为学生提供优质的学习资源。五是增强跨文化交流意识：MOOC 课程吸引了来自世界各地的学习者，教师需要关注不同文化背景下的知识和观念，增强跨文化交流的意识，提升自身的全球视野和文化包容性。

MOOC 作为一种在线学习平台，为学习者提供了广泛的学习机会和资源，同时也对学习者的学习行为和模式产生了影响。首先，MOOC 为学习者提供了个性化学习的机会。学习者可以根据自己的兴趣和需求选择课程，制定个性化的学习计划。MOOC 平台通过分析学习者的学习行为和反馈，可以为学习者提供个性化的推荐和反馈，帮助学习者更好地掌握知识和技能。其次，MOOC 促进了学习者的自主学习和终身学习。MOOC 课程适合不同年龄层次和学习背景的学习者，满足他们随时随地的学习需求。学习者可以根据自己的时间和进度安排学习，培养自主学习的意识和能力。同时，MOOC 也为学习者提供了不断更新知识和技能的途径，促进终身学习的实现。再次，MOOC 促进了学习者之间的交流与合作。MOOC 平台提供了在线讨论、作业提交和互评等功能，促进了学习者之间的互动交流和合作学习。学习者可以通过这些功能与他人分享知识和经验，共同解决问题和完成任务，提高学习效果和团队协作能力。最后，MOOC 也对学习者的信息技术能力提出了要求。学习者需要掌握一定的信息技术能力，如使用互联网、操作在线学习平台等。同时，学习者也需要具备信息筛选、辨别真伪的能力，以应对网络信息中的不良信息和虚假信息。

由此可见，MOOC 与数字化教育之间的关系是相互依存、相互促进的。MOOC 是数字化教育的一种重要形式，而数字化教育也为 MOOC 的发展提供了支持和保障。随着信息技术的发展和教育理念的不断更新，相信 MOOC 和数字化教育将继续发挥重要作用，为培养更多优秀人才和创新教育模式作出贡献，推动教育的变革和发展，在数字化赋能教师专业发展领域发挥更大的潜力。

第四章　模式·方法·管理

数字化赋能教师专业发展的教学模式、教学方法与教学管理的价值内涵在于高校教师主动适应数字化变革、人工智能等新技术发展，积极有效开展教育教学的改进和创新，提升教师的专业素养和教学能力，推进数字技术深度融入教育教学的全过程，发挥以数字化转型赋能高校教育教学高质量发展的重要作用。这种价值内涵体现了教育信息化的时代要求和未来教育发展的趋势，数字技术已成为驱动高校教师教学方式、培养模式和实施路径发生根本性变革、全方位重塑的引领力量。

本章分为三部分。第一部分阐释了数字化教育对"知行合一"理念在教育领域的全新诠释与融合。数字化教育为"知行合一"提供了海量的知识资源与多样化的学习平台、强化了"知行合一"在教学过程中的落实、促进了"知行合一"在跨时空范围内的实现。线上教学模式、线下教学模式、线下线上混合式教学模式、虚拟仿真教学模式和社会实践教学模式不仅为教育带来了更丰富的资源和方式，也进一步强调了实际操作与理论知识的相辅相成。第二部分论述了数字化教学方法赋能教师发展的智慧内涵在高等教育数字化进程中展现的新特征、新范式和新路径，以及数字化教学方法的多元应用场景，包括在线课程与学习平台、虚拟现实与增强现实技术、学习管理系统、混合学习与翻转课堂、数据分析与决策支持。第三部分从数据驱动的模块化课程资源集群、数据融合的多模态智慧课堂教学、精准科学的全过程多元评价体系三个方面，论述了数字化赋能教师专业发展的教学管理要素，其核心在于数据的收集、分析和应用。通过收集和分析学生的学习数据、教师的教学数据和课堂互动数据等，教师可以进行课程模式设计、教学策略调整和评价方式选择，从而实现精准管理。这种以数据为驱动的管理方式，可以确保教学决策的科学性和有效性。

第一节 知行合一：数字化赋能教师专业发展的教学模式

知行合一是一个古老而深刻的哲学理念，强调知识与实践的统一，即所知所学必须与实际行动相结合，才能真正体现其价值。这一理念对于教师数字化专业发展具有非常重要的指导意义。在数字化时代，教师不仅要掌握先进的数字技术和工具，更要将这些技术融入教学实践，实现技术与教学的深度融合。知行合一的理念鼓励教师不仅要学习新的数字技术，更要在实际教学中不断尝试、实践、反思和创新，将所学知识转化为实际的教学行动。教师需要不断学习新的数字技术和教学理念，同时将这些知识和技能应用到实际教学中，不断提升自己的教学效果和水平；教师需要在实践中不断尝试新的教学方法和手段，同时也要对自己的教学实践进行深入的反思和总结，发现问题并不断改进；教师需要具备创新意识和精神，不断探索和尝试新的数字化教学模式和方法，同时也要乐于分享自己的经验和成果，与同行进行交流和合作，共同推动数字化教育的发展。

一、"知行合一"理念与数字化教育的融合

"知行合一"是中国传统文化中的重要理念，强调理论知识与实际行动的紧密结合，意味着理论的指导与实践的应用应相互支持、相互促进。近年来，随着数字化教育的迅猛发展，"知行合一"理念在教育领域得到了新的诠释与融合。

数字化教育是指借助现代信息技术手段，通过互联网、移动设备等数字化工具，实现教育内容、教学方式、学习环境的数字化转化与升级。"知行合一"与数字化教育的融合，有助于提高学习者的综合素质和能力，推动教育的创新和发展。

数字化教育为"知行合一"提供了海量的知识资源与多样化的学习平台。通过互联网和数字化技术，学习者可以轻松地获取各种形式的知识，包括文本、图像、音频、视频等。这些资源不仅数量庞大，而且更新迅速，能够满足不同领域、不同层次的学习需求，这使得学习者可以更加方便地获取知识，为行动提供坚实的理论基础。在线教育平台、虚拟实验室、在线模拟器等工具，使得学习者可以在不同的环境下进行学习和实践。这些平台不仅提供了灵活的学习方式，还

可以根据学习者的需求进行个性化定制，从而更好地满足知行合一的要求。数字化教育促进了知识与行动的结合。通过数字化技术，学习者可以将理论知识与实际应用相结合，实现知识的转化和应用。例如，虚拟实验室可以模拟真实的实验环境，让学习者在实践中深化对理论知识的理解；在线教育平台可以提供实时的互动和反馈，帮助学习者及时调整学习策略，提高学习效果。

数字化教育强化了"知行合一"在教学过程中的落实。传统的教学方式往往注重理论知识的传授，而数字化教育则可以通过虚拟实验室、在线模拟器等工具，为学生提供更多实践的机会。学生可以在这些平台上进行实验操作、模拟演练等，将理论知识与实际操作相结合，从而更好地理解知识、掌握知识。数字化教育平台可以为学生提供实时的互动和反馈，让学生在学习过程中及时发现问题、解决问题。同时，教师也可以通过平台对学生的学习情况进行实时监控和评估，根据学生的实际情况调整教学策略，使教学更加符合学生的需求。这种互动与反馈的机制有助于促进知行合一的实现，让学生在实践中不断调整自己的认知和行为。数字化教育可以打破时间和空间的限制，让学生在不同的场景下进行学习。同时，数字化教育也可以提供丰富的教学资源，包括视频、音频、图像等多种形式的内容。这些资源可以为学生提供更加生动、形象的学习体验，有助于激发学生的学习兴趣和积极性。在这种多元化的教学场景中，学生可以更加全面地了解知识、掌握技能，从而更好地实现知行合一。

数字化教育促进了"知行合一"在跨时空范围内的实现。传统教育往往受限于固定的时间和地点，而数字化教育则允许学习者在任何时间、任何地点进行学习。这种灵活性使得学习者可以根据自己的需求和节奏来安排学习，从而更好地将知识与实践相结合。无论是在家中、在办公室还是在旅途中，学习者都可以随时访问数字化教育资源，进行自主学习和实践。数字化教育提供了多样化的学习方式和工具。通过数字化技术，学习者可以选择适合自己的学习方式和工具，如在线教育平台、移动应用程序、虚拟实验室等。这些工具不仅提供了丰富的学习资源，还可以模拟真实的环境和场景，让学习者在实践中学习和应用知识。例如，虚拟实验室可以模拟真实的实验条件，使学习者能够在安全的环境中进行实验操作和观察，从而加深对科学原理的理解。通过数字化平台，学习者可以与来自不同地域、不同文化背景的人进行实时的交流和合作。这种跨时空的互动不仅可以拓宽学习者的视野，还可以促进知识的共享和创新。学习者可以从他人的经验和见解中获得启发，将所学知识应用于实际问题中，并通过协作解决复杂的挑战。这种教育方式不仅提高了学习者的学习效果和综合素质，还为教育的创新和发展提供了新的机遇和可能性。

由此可见，"知行合一"与数字化教育的融合，不仅为教育带来了更丰富的资源和方式，也进一步强调了实际操作与理论知识的相辅相成。通过数字化教育，"知行合一"这一传统理念在当代教育中焕发出新的活力，培养出更具实践能力的人才，推动社会的可持续发展。

二、数字化赋能教师专业发展的教学模式

数字化教学模式是一种基于计算机网络的现代化教学方式，它将传统的教学方式与现代信息技术相结合，实现了教学内容的数字化、教学过程的网络化、智能化和多媒体化，旨在提高教学效果和学生的学习效率，促进教育的现代化和信息化。在数字化教学模式中，学生的主体地位得到了更加充分的体现，教师则更多地扮演引导者和辅助者的角色，形成了一种互动、合作、探究的学习方式。

数字化教学的线上模式是一种结合了线上和线下的教学方式，利用互联网和数字化技术，为学生提供更加灵活、便捷的学习方式。这种教学模式通常包括线上课程、实时互动、在线测试和评估、教学管理。教师可以将课程资料、教学视频、PPT等上传至线上教学平台，供学生随时随地学习。学生可以在线完成作业、参与讨论、提问等互动环节，与教师和其他学生进行交流。线上教学模式可以提供实时的语音、视频通话等功能，让学生和教师能够进行在线交流。教师可以及时回答学生的问题，了解学生的学习情况，并给予及时的反馈和指导。教师可以通过线上教学模式对学生进行测试和评估，及时了解学生的学习情况，并根据学生的表现和反馈调整教学计划和教学方式。线上教学模式通常提供教学管理功能，如课程安排、学生管理、成绩管理等。教师可以方便地对学生学习情况进行跟踪和管理，提高教学效率。

数字化教学的线下模式通常指的是在实体教室内，利用数字化技术和工具来辅助教学的方式。尽管这种模式与传统的面对面教学有许多相似之处，但数字化元素的引入为教学带来了许多新的可能性和优势。教师可以利用电子白板、触摸

屏等数字化工具与学生进行实时互动式教学，使教学内容更加生动有趣。学生也可以直接在这些设备上操作，提高参与度和理解力。通过数字化工具和软件，教师可以根据每个学生的学习进度和能力，为他们定制个性化的学习路径。例如，使用智能教学平台来跟踪学生的表现，并为他们提供定制化的反馈和资源。数字化教学线下模式允许教师轻松整合各种多媒体资源，如视频、音频、动画等，使教学内容更加丰富多彩。这些资源可以帮助学生更好地理解和记忆知识。通过数字化测试和评估工具，教师可以即时了解学生的学习情况，并根据需要提供及时的反馈。这种即时的评估和反馈循环有助于学生更好地掌握知识，并鼓励他们持续改进。学生可以利用数字化工具和平台进行合作学习项目，共同研究和解决问题。这种合作学习方式有助于培养学生的团队协作和沟通能力。数字化教学线下模式通常包括教学管理系统，使教师能够轻松地管理课程、学生信息和成绩。此外，通过数据跟踪和分析，教师可以深入了解学生的学习模式和需求，以便进一步优化教学。总的来说，数字化教学的线下模式通过引入数字化技术和工具，提高了教学的互动性、个性化和效率，有助于创造更加生动、有趣和有效的学习环境。

数字化赋能教师专业发展的线下线上混合式教学模式，是一种利用数字化工具和资源，进一步整合线上线下的教学优势，将传统的面对面课堂教学与在线教学相结合，形成一种既能发挥教师引导作用，又能充分体现学生主体地位的新型教学模式。这种教学模式强调线上线下的有机融合，旨在实现教学资源的优化配置，提升教学效果。教师可以通过数字化工具建设线上教学资源，进行在线测试和评价，利用智能教学管理系统进行实践教学和实验。学生可以通过互联网在线访问这些资源，进行自主学习和自我测试，同时也可以利用数字化工具进行自我评价和反思。在这种模式下，教师可以利用数字化工具进行线上教学，提供课程视频、PPT、教学案例、在线测试等教学资源，让学生进行自主学习和自我测试。教师也可以在线下课堂上进行面对面的讲解、讨论和实践教学，更好地理解和满足学生的学习需求。教师可以利用智能教学管理系统、数字化实验设备等，进行实践教学和实验，提高学生的实践能力和动手能力。通过线上线下的混合式教学，教师可以更好地整合教学资源，根据课程需要和学生实际情况，制定个性化的混合式学习计划，将线上和线下教学有机结合。例如，教师可以先让学生在课前通过线上资源预习新知识，课堂上进行深入讲解和讨论，课后布置线上作业和测试，及时了解学生的学习情况，提高教学效果。数字化工具的应用也可以提供学生学情分析和教学评价的功能，为教师提供数据分析与反馈，帮助教师更好地了解学生的学习情况，从而根据评价结果进行教学调整和改进教学方法和教学内容。学生也可以通过数字化工具进行自我评价和反思，提高自己的学习效果，促进师生的共同成长。

数字化赋能教师专业发展的虚拟仿真教学模式是一种基于现代信息技术的创新型教学模式，它利用虚拟现实（Virtual Reality，VR）、增强现实（Augmented Reality，AR）和数字化教学资源等技术，构建高度仿真的虚拟教学环境，为学习者提供沉浸式、交互式的学习体验。数字化虚拟仿真教学模式通过虚拟现实、增强现实等技术，构建高度仿真的教学环境，使教师能够在模拟的真实环境中进行教学实践，提高应对实际教学问题的能力；学习者可以身临其境地参与虚拟环境，与虚拟对象进行互动，从而提高学习的沉浸感和参与度。虚拟仿真教学模式可以提供丰富的交互式教学资源，如模拟学生、教学工具等，使教师能够在虚拟环境中与学生进行互动，提高教学技能；学习者可以通过与虚拟对象的交互，进行实践操作、模拟实验等活动。这种交互式的学习方式有助于激发学习者的学习兴趣和动力，提高学习效果。虚拟仿真教学模式可以根据每个教师和学习者的需求及特点，提供个性化的学习资源和学习路径，使他们能够根据自己的学习进度和能力水平，进行有针对性的学习，选择适合自己的学习内容和难度，实现个性化学习。虚拟仿真教学模式可以提供实时的反馈和评价，使教师能够及时了解自己的教学效果和存在的问题，从而进行调整和改进。数字化虚拟仿真教学模式可以提供实时的反馈和评估机制，帮助学习者及时了解自己的学习情况和存在的问题。同时，教师也可以对学习者的学习过程和学习成果进行监控和评估，为教学提供有力的支持。数字化虚拟仿真教学模式需要支持多种终端设备，如电脑、平板、手机等，以便学习者随时随地进行学习。这种跨平台支持的学习模式可以满足学习者的多样化需求，提高学习的灵活性和便利性。

数字化赋能教师专业发展的社会实践教学模式是指在教育教学过程中，通过信息技术手段实现教学资源数字化、教学内容数字化、教学过程数字化等方面的应用，同时强调社会实践活动的重要性，将理论与实践相结合，以培养学生的实际操作能力和解决问题的能力为目标的一种教学模式。这种教学模式利用数字化技术来支持和增强社会实践活动的教学效果，使学生能在虚拟或实际的环境中进行实践操作，加深对知识的理解和应用。数字化社会实践教学模式的实践内容可以非常多样化，具体取决于教学目标和课程内容。模拟实验是利用数字化工具和平台，进行各种科学、技术、工程等领域的模拟实验。例如，使用物理引擎模拟机械运动、电路工作原理等，让学生在虚拟环境中观察和操作实验，增强理论知识的理解。虚拟实习是通过虚拟现实(VR)或增强现实(AR)技术，模拟真实的工作环境，让学生在虚拟空间中完成实习任务。这种实践方式可以帮助学生了解职业环境，提升职业技能和素养。在线社会调研是引导学生利用在线工具和平台，进行社会调研。例如，使用社交媒体收集公众意见，利用在线调查工具进行数据收集和分析等。这种实践可以帮助学生了解社会现象，提升社会责任感和问题解决能力。数字项目制作是鼓励学生利用数字化工具和平台，进行项目制作。例如，使用编程工具开发小游戏、制作数字动画、设计数字产品等。这种实践可以帮助学生将理论知识应用于实际项目中，提升创新能力和实践能力。在线协作学习是通过在线协作平台，组织学生进行团队协作学习。学生可以在线讨论、共享资源、分工合作，共同完成学习任务。这种实践可以帮助学生提升团队合作能力、沟通能力和组织协调能力。这些实践内容可以单独进行，也可以结合使用，以满足不同课程和学生的需求。重要的是，实践内容应该与教学目标紧密相关，能够帮助学生将理论知识与实践相结合，提升综合素质和实践能力。

三、数字化教学模式赋能教师专业发展新生态

互联网、大数据、人工智能等技术为教师的个性化教与学带来便利，推动了教育创新变革。数字化赋能教师专业发展的线上教学模式、线下教学模式、线上线下混合式教学模式、虚拟仿真教学模式和社会实践教学模式被普遍推广，从而使更多教师获得技术赋能。这五种数字化教学模式在促进教师自主发展，提升教师培训质量，提高教师发展服务水平，保障教师持续发展等方面起到了积极的支持和推进作用。

数字化赋能教师专业发展的线上教学模式为学生提供了更多的自主学习机会，减少了教师重复性的劳动，但教师的存在仍然是至关重要的。教师能够根据

学生的需求和反馈，提供个性化的指导和支持，帮助学生解决学习中的问题和困惑。同时，教师还能够评估学生的学习成果，提供有针对性的反馈和建议，促进学生的进步和发展。在这种模式下，教师的角色更多地转变为指导者、辅导者和促进者，而不是传统的知识传授者。数字化教学的线上模式也需要教师具备一定的数字素养和教学技能，以适应新的教学环境和技术要求。教师需要掌握数字化工具的使用，设计有效的在线教学活动，发挥自身的专业知识和技能，管理在线学习社区等，为学生提供高质量的教学和支持。

数字化赋能教师专业发展的线下教学模式可以帮助教师有效提高专业能力，包括教学设计和课堂管理能力、自主学习和个性化学习能力、交流和合作能力、评价和反思能力等。数字化工具可以提供丰富的教学资源和智能化辅助，例如在线课程平台可以提供高质量的课程资源，智能教学管理系统可以提供学生学情分析和教学建议等，这些工具可以帮助教师更好地进行教学设计和课堂管理，提高教学质量。数字化工具可以提供教师自主学习和个性化学习的机会，例如在线课程平台可以根据教师的需求和兴趣推荐相关课程和学习资源，教师可以根据自己的时间和进度进行自主学习，提高自己的专业素养。数字化工具可以打破时间和空间的限制，促进教师之间的交流和合作，例如在线课程平台可以提供教师互动讨论和协作备课的功能，教师可以共享教学资源、交流教学心得、共同成长。数字化工具可以提供教师教学效果的数据分析和可视化展示，例如智能教学管理系统可以提供学生学情数据和课堂表现数据的分析和反馈，教师可以根据数据进行教学反思和改进，提高自己的教学评价和反思能力。当然，这种模式也需要教师在实践中不断探索和改进，以更好地适应数字化时代的需求。

数字化赋能教师专业发展的线上线下混合式教学模式可以结合线上和线下教学的优势，提高教师的教学效果和促进教师的专业发展。教师需要具备技术应用能力，熟练掌握各种数字化工具和平台，能够利用这些工具进行线上线下的教学设计和实施。这包括教学平台、教学软件和设备的熟悉和运用能力，以及灵活使用各种技术工具来辅助教学，如在线教学平台、教学视频、多媒体演示等。教师需要具备优秀的教学设计能力，能够根据教学内容和学生需求，制定个性化的教学计划和方案。这需要教师运用教学法的策略和方法，根据教学内容设计每个知识点的教学方法和教学手段。教师需要根据混合式教学活动的种类，具备教学活动组织能力，掌握线上线下的教学活动中必须具备的策略和技能，包括组织开展教学活动的能力、情境设计和问题导入的能力、创建和谐有序的课堂氛围、进行合理的教学评价等。教师需要具备学习环境创建能力，提前创设适合学生进行自主学习和合作学习的环境，包括在线学习资源、学习平台、教学视频等，以便学生在课前和课后进行自主学习。教师需要具备持续学习与改进能力，一方面，不断探索和尝试新的教学方法和策略，以适应学生的学习需求和技术发展；另一方面，持续关注教育领域的新动态和新理念，不断学习和提升自己的专业素养。教师需要具备良好的沟通能力和互动技巧，驾驭师生之间更加频繁和重要的线上交流和线下互动，有效地与学生进行线上线下的交流和指导。教师需要具备适应性和创新能力，能够根据不同的情境和需求，灵活地调整自己的教学方式和策略，勇于尝试新的教学方法和技术，不断提升自己的教学能力和水平。同时，这种模式也需要教师具备数字化教学的能力和素质，不断更新自己的教学理念和方法，以适应数字化时代的需求。

数字化赋能教师专业发展的虚拟仿真教学模式能够提供高度仿真的教学环境，使教师能够在安全、受控的环境中进行实践，提高教学效果；同时，它还可以提供丰富的教学资源，使教师能够随时随地进行学习，提高学习效率。在虚拟仿真环境中，教师可以采取多种教学活动来促进学生的学习和参与。第一，教师应明确教学目标，并为学生设置明确的任务。这些任务可以是在虚拟环境中进行的实验、模拟、案例分析或角色扮演等。教师需要确保任务与教学目标紧密相关，并有助于提高学生的理解和应用能力。第二，教师可以引导学生在虚拟环境中进行探索，帮助他们熟悉环境、了解工具和功能。通过提问、讨论和示范，教师可以激发学生的学习兴趣，并帮助他们逐步掌握在虚拟环境中进行学习和实践的技能。第三，教师可以利用虚拟仿真环境的交互性，设计各种互动教学活动，如小组讨论、角色扮演、问答等。这些活动可以促进学生之间的交流与合作，提高他们的学习参与度和积极性。第四，在虚拟仿真环境中，教师可以为学生提供实践应用的机会。例如，在模拟实验场景中，学生可以亲自操作虚拟实验器材，进行实验设计和数据收集。这种实践应用有助于加深学生对知识的理解和掌握。第五，在虚拟仿真环境中，教师可以实时观察学生的学习过程和表现，并给予及时的反馈和评估。这有助于学生了解自己的学习进度和存在的问题，从而调整学习策略和改进学习方法。第六，虚拟仿真环境为学生提供了自主学习和探索的空间。教师应鼓励学生充分利用这些资源，进行自主学习和拓展学习。同时，教师可以提供指导和支持，帮助学生解决在自主学习过程中遇到的问题。

数字化赋能教师专业发展的社会实践教学模式是一种结合数字化技术和社会实践的教学方法，鼓励教师运用数字化技术进行教学设计和实施，提升教学效果和教学质量。教师可以利用数字化工具和平台，如在线教育平台、教学管理系统、数据分析工具等，进行教学设计、资源获取、学生互动、教学评估等各个环节的优化和创新，为教师的专业发展提供支持。教师可以将社会实践元素融入教学过程中，通过组织社会实践活动、开展社区服务、参与行业项目等方式，实现在实际的社会环境中进行教学实践。社会实践的融入有助于教师了解社会需求和行业发展趋势，提升教师的实践能力和教育教学的针对性。社会实践教学模式的核心目标是促进教师的专业成长。通过数字化技术和社会实践的结合，教师可以不断更新教育理念，提升教学技能，拓宽知识视野。同时，教师还可以通过反思教学实践、参与学术研究等方式，不断提高自己的教育教学水平。数字化赋能教师专业发展的社会实践教学模式鼓励教师进行教学创新探索。教师可以利用数字化工具平台开展在线教学、混合式教学等新型教学模式，尝试不同的教学方法和手段，激发学生的学习兴趣和动力，提高教学效果。由此可见，数字化赋能教师专业发展的社会实践教学模式是一种创新的教学方法，旨在利用数字化技术和社会实践资源，促进教师的专业成长和教育教学能力的提升。该模式有助于培养具有创新精神和实践能力的教师队伍，推动教育教学质量的不断提高。

总体来说，数字化赋能教师专业发展的线上教学模式、线下教学模式、线上线下混合式教学模式、虚拟仿真教学模式和社会实践教学模式为教师提供了多样化的学习方式和专业发展途径，有助于激发教师的内在动力和专业成长。同时，数字化教学模式的应用也对教师的信息素养和技术应用能力提出了更高的要求，需要教师在实践中不断探索和创新。

第二节　智慧多元：数字化赋能教师专业发展的教学方法

数字化赋能教师专业发展的教学方法，指的是利用现代科技手段，特别是数字化技术，提升和改进教师的专业教学方法和技能。这种方法强调对教育教学过程中的各个环节进行数字化处理，以提高教学效果和教学质量。数字化教学方法可以通过网络教学平台、在线课程等方式，实现优质教学资源的共享，使教师能够随时随地进行学习和教学，从而大大提升教学效率。数字化技术为教师提供了更多自主设计教学方法的机会，教师可以根据学生的具体情况和学科知识，灵活运用数字化教育资源，丰富教学内容，实现教学个性化。数字化教学方法需要教师进行专业化培训，掌握数字化技术，促进教师的专业发展。数字化教学方法可以利用互联网和社交平台等技术手段，打破地理限制，实现跨区域、跨学科的教学合作，打破传统教育资源的壁垒，促进教育公平，有助于构建学习型社会，实现真正的全人教育。

一、数字化教学方法赋能教师发展的智慧内涵

数字化教学方法赋能教师发展的智慧内涵，在高等教育数字化进程中展现了新特征、新范式和新路径，主要体现在技术整合与应用能力、数据驱动的决策能力、个性化与差异化教学能力、持续学习与自我更新能力以及协作与共享精神等方面。

技术整合与应用能力。教师专业发展的智慧内涵包括了对信息技术的深入理解和应用能力。这包括掌握各种数字化教学工具和技术，如在线教学平台、多媒体教学软件、数据分析工具等，并能够将这些技术有效地整合到教学中，为学生提供更加丰富、多样的学习体验。

数据驱动的决策能力。数字化教学方法产生了大量的学生学习数据。教师专业发展的智慧内涵还包括了利用这些数据进行决策的能力。通过解读和利用这些数据，教师可以更加准确地了解学生的学习进度、难点和需求，从而制定出更加科学有效的教学策略。

个性化与差异化教学能力。数字化教学方法鼓励个性化与差异化的教学。教师专业发展的智慧内涵体现在能够根据学生的个体差异和需求，提供个性化的学习资源和教学路径，促进学生的全面发展。

持续学习与自我更新能力。数字化教学方法和工具在不断发展变化中。教师专业发展的智慧内涵要求教师具备持续学习和自我更新的能力，及时了解和掌握

新的教学技术和方法，保持与时俱进。这种持续学习的态度和能力成为教师发展的新特征。

在线协作与知识共享范式。数字化教学方法鼓励教师之间的协作和资源共享。教师专业发展的智慧内涵包括愿意与其他教师分享自己的教学资源和经验，同时也能够利用他人的资源和经验，共同提高教学效果。

混合式教学与翻转课堂范式。数字化教学方法推动了混合式教学和翻转课堂等新范式的发展。这些新范式强调学生的自主学习和合作学习，强调课堂的互动和讨论，使得教学更加灵活、高效。

数字化教学资源建设路径。数字化教学方法推动了数字化教学资源建设的新路径。这包括建设在线课程、教学视频、虚拟实验等数字化教学资源，为学生提供更加丰富、多样的学习材料。

教师专业发展与支持路径。数字化教学方法为教师提供了新的专业发展路径和支持。这包括提供数字化教学培训、在线学习平台等，帮助教师提升数字化教学能力，实现专业发展。

一方面，这些智慧内涵的提升有助于教师在数字化教学环境中更好地应对挑战，提高教学效果。另一方面，数字化教学方法通过创造互动和参与的学习环境、提供个性化和差异化的学习体验、利用多媒体和视觉元素、引入游戏化和竞争元素以及提供及时反馈和奖励等方式，帮助教师创造一个更加有趣、动态和激励性的学习环境，激发学生的学习兴趣和积极性。

创造互动和参与的学习环境。数字化教学方法利用在线平台、应用程序和多媒体工具，创造了更具有互动性和参与性的学习环境。例如，教师可以通过在线讨论板、实时投票、在线游戏等方式激发学生的积极参与，使学习变得更加有趣和动态。这种互动性和参与性强的学习环境能够吸引学生的注意力，提高他们对学习的兴趣。

提供个性化和差异化的学习体验。数字化教学方法允许教师根据学生的兴趣、能力和学习风格提供个性化和差异化的学习体验。通过在线学习平台和学习管理系统，教师可以为每个学生定制学习计划，推荐与他们兴趣相关的学习资源和活动。这种个性化的学习体验能够激发学生的学习兴趣，使他们感到学习是有意义和有趣的。

利用多媒体和视觉元素。数字化教学方法可以充分利用多媒体和视觉元素，如视频、音频、图像和动画等，来呈现学习内容。这些多媒体元素能够以更加生动、直观和吸引人的方式展示知识，激发学生的学习兴趣和好奇心。例如，教师可以通过制作有趣的动画视频或虚拟现实模拟来教授抽象的概念，使学习变得更加有趣和易于理解。

引入游戏化和竞争元素。数字化教学方法可以引入游戏化和竞争元素，如在线竞赛、积分系统和徽章奖励等，来增加学习的趣味性和动力。游戏化和竞争元素能够激发学生的挑战欲望和竞争心理，使他们在轻松愉快的氛围中积极参与学习，提高学习兴趣。

提供及时反馈和奖励。数字化教学方法通过在线平台和学习管理系统提供即时的学习反馈和奖励。学生可以在学习过程中及时获得关于学习成果的反馈，了解自己的学习进度和成就。同时，教师还可以通过数字徽章、证书或其他形式的奖励来表彰学生的优秀表现。这种及时的反馈和奖励能够增强学生的学习动力和自信心，提高他们对学习的兴趣。

二、数字化教学方法的多元应用场景

数字化教学方法在教育教学中的应用场景非常广泛，包括在线课程、虚拟现实技术、学习管理系统、混合学习与翻转课堂以及数据分析与决策支持等。这些应用场景的多样化，使得数字化教学方法能够满足不同学科、不同学生的需求，提高教学效果和学习效果。

场景一：在线课程与学习平台。随着网络技术的迅速发展和普及，在线课程与学习平台已成为现代教育教学的重要组成部分。它们为师生提供了灵活多样的数字化教学方法和学习方式，丰富了教学资源，优化了教学模式，使教育更加高效、便捷和个性化。首先，在线课程与学习平台为学生提供了丰富的在线教学资源和学习资源，如视频讲座、互动课程、在线测试等，无论是学科知识、技能培训还是兴趣爱好，学生都可以通过网络平台找到适合自己的课程。这些课程通常由知名专家、学者或教师授课，内容质量有保障，且学习时间和地点灵活，方便学生根据自己的节奏和需要进行学习。其次，在线课程有助于实现个性化学习，而教师可以利用在线课程更加高效地进行在线课程准备和资源管理，根据学生的学习习惯、兴趣和能力，设计个性化的学习计划，提供定制化的学习路径和资源推荐，满足不同学生的个性化需求。每个学生都可以根据自己的实际情况，选择适合自己的学习内容和方式，从而提高学习效果。此外，在线课程也为教师提供了更多教学工具和手段。教师可以通过在线平台发布课程资料、布置作业、组织讨论和交流等，使教学更加灵活多样。通过在线教学平台和数字化教学资源库，教师可以数字化工具还可以帮助教师制作多媒体课件、试卷等教学资料，提高备课效率。教师还可以利用在线平台的数据统计和分析功能，轻松地获取和整理教学材料，减少查找和整理资源的时间，实时了解学生的学习情况，及时调整教学策略，提高教学效果。

场景二：虚拟现实与增强现实技术。虚拟现实(VR)和增强现实(AR)技术为数字化教学方法提供了新的可能性，为学生提供了沉浸式的学习环境。在虚拟现实(VR)中，学生可以直观地观察并操作虚拟的实验器材，进行各种复杂的实验。这种学习方式不仅提高了学生的实践能力和动手能力，还大大降低了实验成本，并减少了实验风险。此外，VR技术还可以模拟真实场景，如历史事件、地理地貌等，让学生在身临其境的体验中更好地理解和学习知识。增强现实技术则能够将虚拟信息融入现实世界，为学生带来更加直观和生动的学习体验。例如，在生物免疫学的学习中，AR技术可以将虚拟的实验仪器或设备叠加到学生的真实环境中，让学生在互动中了解生物免疫学知识。在生物免疫学的学习中，AR技术可以还原免疫细胞场景图，让学生更加直观地了解人体内各种细胞的组成，以及他们肩负的各类重要功能。此外，虚拟现实和增强现实技术还可以帮助教师进行教学设计和管理。教师可以利用这些技术制作丰富多样的教学资源，如虚拟实验、3D模型、交互式课件等，提高学生的学习兴趣和参与度。同时，这些技术还可以帮助教师更好地管理课堂，如实时监控学生的学习情况、进行互动问答等。

场景三：学习管理系统。学习管理系统是一种集成了多种学习工具的平台，如在线作业提交、在线测试、学习进度跟踪等。这些系统利用先进的信息技术手段，实现了对教学资源、教学过程和学习成果的全面数字化管理，极大地提高了教育教学的效率和效果。教师可以利用这些系统监控学生的学习进度，提供及时的反馈和指导，确保学生的学习效果。首先，数字化学习管理系统可以实现对教学资源的集中管理和高效利用。通过系统平台，教师可以方便地上传、共享和更新教学资源，如课件、视频、试题等。学生则可以随时随地访问这些资源，进行自主学习和预习复习。这不仅节省了教师的时间和精力，也提高了学生的学习效率和质量。其次，数字化学习管理系统还可以对教学过程进行全面跟踪和记录。系统可以自动记录学生的学习轨迹、成绩表现和学习反馈等信息，帮助教师更好地了解学生的学习情况，及时调整教学策略和方案。同时，系统还可以提供丰富的教学工具和互动功能，如在线测试、小组讨论、实时问答等，使教学更加生动、有趣和有效。此外，数字化学习管理系统还可以对学生的学习成果进行科学评估和分析。系统可以利用大数据和人工智能等技术，对学生的学习数据进行挖掘和分析，为学生提供个性化的学习建议和指导。这不仅可以帮助学生更好地了解自己的学习情况，找到自己的优势和不足，也可以为教师提供更加准确、全面的学生学习数据，为教学改进和决策提供有力支持。

　　场景四：混合学习与翻转课堂。混合学习和翻转课堂是数字化教学方法的两种重要形式，都强调学生的主动性、参与性和实践性。混合学习是一种结合线上和线下学习的教学模式，结合了在线学习和传统课堂学习的优势，让学生在课堂上和课堂外都能进行有效的学习。在这种模式下，教师可以将部分教学内容通过在线平台进行传授，而学生则可以在线上完成预习、复习、测试和作业等任务。线下的课堂教学则更多地用于深入讨论、实践操作、问题解决等活动。混合学习不仅可以充分利用线上资源的丰富性和便捷性，还可以发挥线下教学的互动性和实效性，实现教学效果的最大化。翻转课堂则是一种将传统课堂的教学模式颠倒过来的教学方法。在这种模式下，学生需要在课前通过观看教学视频、阅读教材等方式预习课程内容，完成知识的学习，而课堂时间则主要用于学生之间的讨论、合作、展示和问题解决等活动。翻转课堂强调学生的自主学习和合作学习，能够激发学生的学习兴趣和主动性，培养学生的批判性思维和创新能力。在混合学习和翻转课堂的模式下，教师需要根据教学内容和学生特点，合理设计线上和线下的教学活动，确保教学效果的最优化。教师需要熟练掌握各种在线教学平台和工具的使用，以便更好地进行混合教学和翻转课堂的教学。教师不再是单纯的知识传授者，而是变成了学生学习的引导者、合作者和促进者。这需要教师转变角色观念，提升自己的教育教学能力。混合学习和翻转课堂注重学生的参与和实践，教师需要掌握多元化的评价方法和工具，以便更好地评估学生的学习效果。

场景五：数据分析与决策支持。数据分析与决策支持为教师、教育管理者和学校提供了科学的依据，有助于提升教育教学的质量和效率。数字化教学方法可以利用大数据和人工智能技术对学生的学习数据进行分析，为教师提供决策支持。通过对学生的学习数据进行收集、整理和分析，教师可以了解学生的学习习惯、兴趣点、学习难点等信息。这些数据可以帮助教师更好地调整教学策略，满足学生的个性化需求。通过对学生的学习成绩、参与度、反馈等数据进行分析，教师可以评估自己的教学效果，找出存在的问题和不足，从而改进教学方法和策略。通过对学生的学习数据和教学效果数据进行分析，学校可以了解课程设置的合理性、教学资源的利用情况等信息，为课程优化提供数据支持。总之，数据分析与决策支持融入教育教学是提升教育教学质量、促进教师专业发展的重要途径。教师需要掌握基本的数据收集、整理和分析技能，以便更好地利用数据来指导教学。基于数据分析的结果，教师需要学会制定更加科学、合理的教学决策，提升教学效果。数据分析与决策支持可以帮助教师发现自己在教学中的不足和问题，从而有针对性地进行专业提升和学习。随着信息技术的不断发展，未来这一领域的应用将会更加广泛和深入。因此，教师需要不断学习和掌握相关的知识和技能，以适应这一变革的需要。同时，学校和教育部门也应提供相应的培训和支持，帮助教师更好地应用数据分析与决策支持的教学方法，推动教育教学的创新和发展。

三、数字化教学方法赋能教师专业发展的数字支撑体系

数字化教学方法的引入和应用，推动了教育教学的数字化转型，实现了教育技术的升级和教育模式的创新。这种转型不仅体现在教学资源的数字化、教学过程的在线化，更体现在教育理念、教学方法、教育评价等方面的深刻变革。数字化教学方法的赋能，使得教师可以利用数字技术，如大数据分析、人工智能等，更好地理解学生的学习需求和学习行为，从而进行更精准、更高效的教学。同时，数字化教学方法也促使教师不断更新自己的知识结构和教学技能，以适应数字化教育的新要求。

在信息化、数字化快速发展的时代背景下，数字化教学方法赋能教师专业发

展具有重要的时代价值。首先，数字化教学方法的应用可以提高教学质量和效率，实现教育资源的优化配置，推动教育的公平和普及。其次，数字化教学方法可以促进教师的专业成长和发展，提升教师的教育教学能力和创新能力，使教师更好地适应数字化教育的新环境和新要求。最后，数字化教学方法的推广和应用，可以推动教育的数字化转型和创新发展，为构建学习型社会、实现教育现代化提供有力支持。

智慧多元的教学方法以数字化技术为工具，不仅结合了传统教学的优点，还充分利用了数字化技术的优势，为教师专业发展提供了更多的教学选择和创新空间：

优质教学资源的垂直供给与个性推荐。在数字化时代，优质的教学资源不再局限于地域和机构，而是可以通过网络平台实现全国乃至全球的共享。因此，通过国家智慧教育平台等渠道，为教师提供丰富、优质的教学资源，是实现教师专业发展的重要手段。这些资源可以包括专家讲座、典型课例、教学设计等，有助于教师了解最新的教育理念、教学方法和技术手段。同时，通过大数据分析和人工智能技术，可以根据教师的个人需求和兴趣，为他们推荐个性化的教学资源，从而提高教师的学习效果和兴趣。

建立伴随式人人参与的学科教研机制。在传统的教研活动中，往往只有少数教师能够参与，而且往往局限于本校或本地区。而在数字化时代，我们可以通过建立伴随式人人参与的学科教研机制，让更多的教师参与教研活动。这种机制可以通过在线平台实现，让教师们可以随时随地进行交流和研讨，分享自己的教学经验和心得。同时，这种机制还可以鼓励教师们进行跨学科的合作和交流，从而拓宽他们的教学视野和思路。

共建共享数字化的教学资源机制。数字化技术为教学资源的共建共享提供了便利。通过建立数字化的教学资源机制，可以让教师们共同参与教学资源的建设和分享。这种机制可以通过在线平台实现，让教师们可以上传和分享自己的教学资源，同时也可以下载和使用其他教师的教学资源。这种机制不仅可以促进教师之间的合作和交流，还可以提高教学资源的质量和多样性。

利用虚拟现实、扩展现实等沉浸式技术丰富资源的呈现形态。虚拟现实、扩展现实等沉浸式技术可以为教师提供更加真实、生动的教学体验。通过利用这些技术,可以让教师们更加深入地了解教学内容,从而提高他们的教学效果。同时,这些技术还可以为学生们提供更加生动、有趣的学习体验,激发他们的学习兴趣和积极性。

构建教师技术应用的实践环境与机制。数字化技术的应用是教师专业发展的重要组成部分。因此,我们需要构建教师技术应用的实践环境与机制,让教师们可以在实践中不断学习和提高自己的技术应用能力。这种机制可以通过在线平台、工作坊、研讨会等形式实现,让教师们可以在实践中不断探索和创新。同时,这种机制还可以为教师们提供技术支持和帮助,解决他们在技术应用过程中遇到的问题和困难。

建立资源建设长效机制形成教师发展精准画像。为了持续推动教师专业发展,需要建立资源建设长效机制,确保教学资源的持续更新和优化。同时,通过收集和分析教师的教学数据和行为,可以形成教师发展的精准画像,为教师提供更加个性化和精准的教学指导和支持。

发挥名师辐射带动作用加强教师发展评估预警。名师是教育领域的宝贵资源。通过发挥名师的辐射带动作用,可以激发更多教师的专业成长热情。同时,加强教师发展评估预警,及时发现和解决教师在专业发展过程中遇到的问题和困难,确保教师能够持续、健康的发展。

第三节 精准科学:数字化赋能教师专业发展的教学管理

数字化赋能的核心在于数据的收集、分析和应用。在课程管理、课堂管理和评价指标管理中,通过收集学生的学习数据、教师的教学数据和课堂互动数据等,可以精准地了解学生的学习情况、教师的教学情况和课堂的教学效果。基于这些数据的分析,教师可以进行精准的课程设计、教学策略调整和评价方式选择,从而实现精准管理。这种以数据为驱动的管理方式,可以确保教学决策的科学性和有效性。

一、数据驱动的模块化课程资源集群

数据驱动的模块化课程资源集群是一种基于数据分析和模块化设计的课程资

源组织形式。这种组织形式的核心思想是，通过收集和分析学生的学习数据，了解学生的学习需求和习惯，然后基于这些数据设计和构建模块化的课程资源，以满足学生的个性化学习需求。

　　数据驱动的模块化课程资源集群的理论逻辑是基于数据驱动决策、模块化设计、个性化学习、持续优化与迭代、资源共享与协同以及以学习者为中心的原则构建的。这一逻辑旨在利用学习数据来指导课程资源的设计、开发和实施，以满足学生的个性化学习需求，提高教学效果和学习效果。数据驱动决策这一逻辑强调使用学习数据来指导课程资源的设计、开发、实施和优化。通过收集和分析学生在学习过程中的数据，可以洞察学生的学习需求、兴趣、偏好、能力水平以及学习成效，从而作出数据驱动的决策，以改善教学效果。模块化设计是资源集群的关键组成部分。它将课程资源划分为一系列独立的、可互换的模块，每个模块都具有明确的学习目标和内容。这种设计方式允许学生根据自己的学习需求和兴趣选择相应的模块进行学习，从而实现个性化学习路径的构建。个性化学习是数据驱动的模块化课程资源集群的最终目标。通过分析学生的学习数据，系统可以推荐适合他们的学习模块和资源，以满足他们的个性化学习需求。这有助于提高学生的学习参与度和学习效果。资源集群需要不断地根据学生的学习数据和反馈进行优化和迭代。通过定期收集和分析数据，可以发现学习过程中的问题和瓶颈，并据此调整和改进课程资源，以提高教学质量和满足学生的学习需求。资源共享与协同：在模块化课程资源集群中，不同模块之间的资源可以相互共享和协同。这不仅可以提高资源利用效率，还可以促进不同课程之间的交叉融合，为学生提供更加丰富和多样化的学习资源。整个资源集群的设计和实施都应以学习者的需求和兴趣为中心。通过收集和分析学习者的数据，了解他们的学习需求和偏好，从而提供更加符合他们需求的学习资源和支持。

　　数据驱动的模块化课程资源集群可以应用于多个领域，为学生提供更加灵活和个性化的学习路径，提高学习效果和满意度，为教育机构和培训机构提供更加精准的教学和培训方案，提升教学质量和培训效果。在高等教育中，数据驱动的模块化课程资源集群可以为学生提供更加灵活和个性化的学习路径。通过分析学生的学习数据，教师可以了解学生的学习进度和难点，从而为他们提供更加精准的指导和帮助。同时，学生也可以根据自己的兴趣和需求选择相应的模块进行学习，提高学习效果和满意度。在职业培训领域，数据驱动的模块化课程资源集群可以根据不同的职业需求和行业标准来设计和构建课程资源。通过分析学员的学习数据，培训机构可以了解学员的学习进度和能力水平，从而为他们提供更加精准的培训方案。同时，学员也可以根据自己的职业规划和需求选择相应的模块进行学习，提升职业能力和竞争力。在线学习平台是数据驱动的模块化课程资源集群的另一个重要应用场景。通过收集和分析用户的学习数据，在线学习平台可以为用户推荐更加精准和个性化的学习资源。同时，用户也可以根据自己的学习需求和兴趣选择相应的模块进行学习，提高学习效率和效果。

数据驱动的模块化课程资源集群对教师专业发展具有显著的价值与意义。通过对学生的学习数据进行分析，教师可以更加准确地了解学生的学习状况和需求，从而作出更加科学、合理的教学决策。这有助于教师提高教学决策能力，使教学更加符合学生的实际情况。依据最近发展区理论，一体化设计数据驱动的层次递进模块化课程资源集群，并根据岗位技能需求进行动态迭代，实行"知识系统化""技能进阶式"人才培养模式，能够帮助学生通过学习超越其最近发展区，使学生的专业基础能力、专业实践能力、专业创新能力形成呼应融通的有机整体。数据驱动的模块化课程资源集群允许教师根据学生的学习数据提供个性化的学习资源和路径。这要求教师具备个性化教学的能力，包括如何设计个性化的学习方案、如何评估学生的学习进度和效果等。通过不断实践和学习，教师可以逐渐提升个性化教学能力，更好地满足学生的学习需求。通过分析学生的学习数据，教师可以更加客观、全面地评估学生的学习成效。这有助于教师反思自己的教学实践，找出教学过程中的优点和不足，从而调整教学策略，改进教学方法。这种数据驱动的评估与反思能力有助于教师不断提升自己的教学水平。模块化设计使得课程资源更加易于组合和更新，这为教师提供了丰富的教学资源。同时，数据驱动的理念也鼓励教师进行教学创新，尝试新的教学方法和策略。利用这些教学资源并进行教学创新，教师可以不断拓展自己的教学视野和能力。数据驱动的模块化课程资源集群还可以促进教师之间的交流与合作。通过分享教学经验、讨论教学问题、共同开发课程资源等方式，教师可以形成专业发展共同体，共同推动教学质量的提升。这些能力的提升和共同体的形成将有助于教师更好地适应教育变革的需求，提升教学质量，实现个人和专业的持续发展。

二、数据融合的多模态智慧课堂教学

智慧课堂是一种强调学习起点真实性、教学推进针对性，注重师生沟通、合作与互动，以及重视提问与倾听技能的教学环境。这种课堂模式旨在提高学生的学习效果，促进他们的全面发展。智慧课堂强调找准学生的学习起点，顺着学生的思路来组织教学。这包括了解学生的知识逻辑起点和学生后续推进学习的起点。教师可以通过多种方式，如平时作业、学生访谈、课前测试等，来捕捉学生的真实学习起点，从而采取切实有效的教学措施。在智慧课堂中，教学推进的针对性非常重要。教师需要根据学生的实际情况，采取因人而异、分层施教的教学策略。同时，教师还需要关注学生的学习过程，及时发现学生的问题并提供帮助，以确保每个学生都能得到适当的教学支持。

多模态智慧课堂教学是一种利用多种模态（如文本、图像、声音、动作等）以及先进的技术手段（如人工智能、虚拟现实、大数据等）来增强教学效果和学习体验的教学方式。在这种教学环境中，教师、学生和技术之间实现全向互动，构建了一个多元化、个性化的教与学综合体。多模态智慧课堂教学是一种创新的教学方式，它通过多样化的教学资源、强互动性和个性化学习等特点，为教师和学生提供了丰富、高效和个性化的教与学体验，对教师专业发展具有积极的推动作用。首先，教师需要掌握和运用多种模态的教学资源和技术手段，这有助于提升教师的教学技能和技术应用能力。其次，多模态智慧课堂教学鼓励教师进行创新性的教学设计和实践，这有助于激发教师的教学创新意识和创造力。此外，通过数据分析和评估，教师可以更深入地了解学生的学习需求和特点，从而进行更有针对性的教学改进和个性化指导。

以"免疫学基础"多模态智慧课堂的教学活动为例。在"免疫学基础"的智慧课堂的导入环节，教师不仅使用传统的PPT展示文字和图片，还整合了视频、动画和3D模型等多模态教学资源，介绍免疫学的基本概念和免疫系统的工作原理，吸引学生的注意力并激发他们的学习兴趣。在理论讲解环节，教师在讲解免疫细胞、抗体和免疫应答等核心概念时，通过3D模型展示免疫系统的微观结构和细胞间的相互作用，帮助学生更直观地理解免疫机制。教师利用智能教学平台，教师设置在线问答、小组讨论和实时投票等互动环节。学生可以通过平板电脑或智能手机参与讨论，提交答案，并与教师和同学进行即时交流。这种技术增强的互动能够提高学生的参与度，加深对免疫学概念的理解。在实践活动环节，学生分组进行模拟实验，如抗体与抗原的结合实验。通过智能设备观察和记录实验结果，并与理论知识进行对比分析，加深对免疫学原理的理解。智慧课堂系统根据学生的学习历史、成绩和兴趣，为他们推荐相关的学习资料和练习题。例如，对于在特定免疫概念上遇到困难的学生，系统可以提供定制化的辅导材料或练习题，帮助他们进行有针对性的复习。在互动问答环节，教师利用智慧课堂系统发起在线问答环节，测试学生对课堂内容的掌握情况。学生可以即时提交答案，系统即时给出反馈和正确答案。这种即时的互动问答不仅能够提高学生的注意力，还能帮助他们巩固所学知识。在课堂总结与反思环节，教师在课程结束前，教师引导学生回顾本节课的重点内容，并鼓励他们分享学习心得和困惑。智慧课堂系统收集和分析学生在课堂上的行为数据，如学习时长、互动频率、成绩变化等。这些数据为教师提供了宝贵的教学反馈，帮助他们了解学生的学习进度和难点，从而调整教学策略，更有效地促进学生的学习。

多模态智慧课堂教学活动通过提供丰富多样的学习资源和交互方式，来提高学生的综合能力。多模态智慧课堂教学活动通常涉及多种媒体和交互方式，这为学生提供了广阔的探索空间。学生可以运用不同的模态进行表达和交流，从而激发创新思维和想象力。例如，在虚拟的实地考察中，学生可以通过虚拟现实技术探索不同的环境，并通过互动操作来解决问题，这有助于培养他们的创新思维和解决问题的能力。多模态智慧课堂教学活动鼓励学生参与讨论和合作，这为他们提供了批判性思维的机会。学生可以针对某个主题或问题，从不同的角度进行思考和分析，并与其他同学进行交流和讨论。通过不断的交流和反思，学生可以逐渐培养起批判性思维的能力，学会独立思考和判断。多模态智慧课堂教学活动通常以小组或团队的形式进行，这有助于培养学生的团队协作能力。在小组活动中，学生需要相互合作、分工明确，共同完成任务或解决问题。通过与同学之间的合作和交流，学生可以学会倾听他人的意见、协调不同的观点，并共同为达成目标而努力。多模态智慧课堂教学活动强调学生的主动性和互动性。学生需要积极参与活动、主动探索知识、并自主完成学习任务。这种自主学习的方式可以锻炼学生的自主学习能力，培养他们的学习兴趣和动力，为未来的学习和发展打下坚实的基础。

多模态智慧课堂教学活动不仅对学生的综合能力提升有积极影响，同时也对教师的专业发展具有重要的推动作用。为了有效地实施多模态智慧课堂教学活动，教师需要掌握相关的技术和工具。这包括虚拟现实(VR)设备、多媒体技术、在线协作平台等。教师通过学习和应用这些技术，可以不断提升自己的教学技能，适应教育信息化的发展趋势。多模态智慧课堂教学活动为教师提供了丰富的教学数据和案例。通过分析这些数据，教师可以深入了解学生的学习行为、需求和效果，从而进行针对性的教学改进。同时，这些数据和案例也可以为教师提供宝贵的教学研究素材，促进教学研究的深入发展。多模态智慧课堂教学活动鼓励教师打破传统的教学模式，尝试新的教学方法和手段。这种创新的过程有助于激发教师的创新意识和创造力，推动教师不断探索和尝试新的教学路径。在多模态智慧课堂教学活动中，教师需要与其他教师、技术人员等进行紧密的合作和沟通。这种合作的过程有助于增强教师的团队合作能力和协作精神，促进教师之间的交流和分享。多模态智慧课堂教学活动涉及多个学科领域的知识和技术。通过参与这些活动，教师可以拓宽自己的专业视野，了解其他学科领域的教学方法和手段，从而为自己的教学提供更多的灵感和思路，教师可以不断提升自己的教学水平和专业素养，为学生的全面发展提供更好的支持和引导。

三、精准科学的全过程多元评价体系

数字技术如大数据、人工智能、云计算等正被广泛应用于教育领域的各种评价过程中。数字化赋能全学段、全过程评价意味着对学生的评价不仅仅局限于某一学段或某一过程，而是贯穿学生的整个学习生涯，形成多元科学的教育评价。这种评价方式有助于更全面地了解学生的发展，提供更有针对性的教育支持。数字技术如大数据可以实时收集学生在学习过程中产生的各种数据，包括学习时长、学习效率、学习成果等。通过对这些数据的分析，教育者可以更全面地了解学生的学习情况，从而作出更准确的评价。在收集和处理数据时，需要采用科学的方法和技术，确保数据的准确性和有效性，对数据进行合理的解释和应用，避免误导评价结果。借助人工智能技术，可以根据学生的学习特点和需求，提供个性化的评价方案。这种评价方式更能反映学生的实际情况，有助于发现学生的潜能和特长。但在教育评价中，需要充分尊重学生的主体性，让学生参与评价过程。这有助于增强学生的自我认知和自我管理能力，提高评价的针对性和有效性。数字技术可以实现评价的实时反馈，让学生及时了解自己的学习情况和存在的问题。这有助于学生及时调整学习策略，提高学习效率。教育评价不仅是对学生学习成果的检验，更是对学生学习过程的引导和促进。因此，需要强化评价的导向作用，让评价成为学生学习和发展的重要动力。数字技术可以支持多种评价方式的结合，如自我评价、同伴评价、教师评价等。这种多元评价方式可以更全面地反映学生的综合素质和能力，有助于培养学生的自我认知和协作能力，确保评价的公正性和公平性，有助于维护学生的权益和尊严，促进教育的公平和公正。精准科学的教育数字化全过程多元评价体系应该是一个动态的、全面的、以数据为基础的评价体系，旨在提供准确、及时、有用的信息，以支持学生的学习和教师的教学，主要包含以下几个关键方面：

数字化综合素质评价体系。这个体系应该包括学生的学习成果、发展情况、基础知识和技能、创新能力、团队合作能力、交际能力等多元化、动态化的评价内容。数字化技术如在线测试、智能分析等可以帮助学生和教师更全面地了解学生的学习情况，实现更精准的评价。

依托数字技术记录全过程数据。数据包括学生数据、互动数据、成绩数据、学习过程数据、课程数据等，实现诸如学生能力证书、教师画像、专业水平、课程质量、学科进度、本科质量评估等过程性、即时性、准确性的评价活动。这可以为学情诊断、提供综合评估和学术规划支持，为学生适配资源和课程，帮助学生规划更科学、丰富的专业学习路径。

强化大数据支撑教育教学多元的过程性评价。这种评价方式可以记录并分析学生在学习过程中的各种数据，为教师提供更准确、全面的学生学习状况反馈，有助于教师更好地调整教学策略和方法，提高教学效果。

夯实教师的数字素养与技能。为了胜任数据分析工作，教师需要具备全面的数字素养、数据技术知识、编程能力、数据可视化技能、分析能力、业务意识、沟通与协作能力以及持续学习能力。

构建精准科学的教育数字化全过程多元评价体系需要不断地更新和完善，以适应教育环境的变化和学生需求的变化。具体实践步骤可以如下：

第一步：明确评价目标和标准。确定你想要评价的具体内容，例如学生的学习成果、创新能力、团队合作能力等。制定明确的评价标准，确保评价的一致性和公正性。

第二步：收集数字化数据。利用数字化工具收集学生的学习过程数据，包括在线测试成绩、学习时长、互动次数等。确保数据的准确性和完整性，避免数据丢失或错误。数据采集可以利用学习管理系统（Learning Management System，LMS）平台，如 Moodle、Canvas 等，记录学生的学习活动，如登录次数、完成任务的时长、作业提交情况等，通过 LMS 内置的测试功能，进行在线测试和评估，自动收集和分析学生的答题数据。

第三步：建立评价模型。根据评价目标和标准，建立适合的评价模型。这个模型应该能够全面、准确地反映学生的学习情况。利用数据分析工具对数据进行处理和分析，提取出有价值的信息，为每个学生建立数字化学习档案，记录他们的学习历程、成果和进步。学生可以上传自己的学习作品、反思和成果，教师可以进行批注和评价。

第四步：实施多元评价。利用大数据分析工具，如 Hadoop、Spark 等，处理和分析海量学生数据，发现学生的学习模式和趋势。利用人工智能技术，如机器学习、深度学习等，对学生进行能力分析和预测，为个性化教学和辅导提供支持。结合数字化数据和评价模型，进行多元评价。这包括定量评价和定性评价，以更全面地了解学生的学习情况。确保评价过程的公正、公平和透明，避免主观偏见和歧视。除了传统的笔试和作业评价外，还可以开展项目式学习、团队合作任务、口头报告等多元化的评价活动。鼓励学生自我评价和同伴评价，培养他们的自我认知和批判性思维。

第五步：反馈与调整。使用在线调查工具，如问卷星、SurveyMonkey 等，收集学生对课程、教师和教学方法的反馈。利用即时反馈工具，如投票系统或在线讨论论坛，鼓励学生在学习过程中提供即时反馈。将评价结果及时反馈给学生和教师，帮助他们了解自己的学习情况和改进方向。根据评价结果和反馈，调整评价标准和教学方法，提高教学效果和学生的学习效果。

第六步：持续优化与更新。定期对评价体系进行审查和更新，并与教师进行教学研讨，共同分析学生的学习情况和需求，确保其适应教育环境的变化和学生需求的变化。不断引入新的数字化技术和工具，优化评价过程和数据收集方式，提高评价的准确性和效率。根据评价结果调整教学策略和方法，为学生提供更加精准和个性化的教学支持。组织教师参加数字化工具和数据分析的培训课程，提升他们的数字素养和技能。鼓励教师参与数字化教学评价体系的设计和实施过程，发挥他们的专业优势和创新精神。

精准科学的教育数字化全过程多元评价体系对教师专业化发展提出了更高的要求。教师需要掌握数字化工具和平台的使用技能，包括学习管理系统、在线测试平台、数据分析工具等。他们应该能够熟练地运用这些工具来收集、整合和分析学生的学习数据，以支持教学评价和决策。教师需要具备基于数据分析的教学决策能力。他们需要理解并能够解读学生的学习数据，发现学生的学习模式、问题和优势，从而调整教学策略，提供个性化的教学支持。教师需要深入理解多元评价的理念和方法，将其融入日常教学。他们应该能够结合数字化评价工具，通过多元评价方式来全面评估学生的学习成果，包括学生的知识掌握、技能应用、学习态度、创新思维等方面。教师需要保持持续学习的态度，不断更新自己的教育理念和教学方法。他们应该具备自我反思的能力，根据学生的学习数据和反馈，反思自己的教学效果，不断改进教学策略，提高自己的教学水平。教师需要具备合作与共享的精神，与其他教师共同探索和实践数字化多元评价体系的应用。通过团队合作和分享经验，教师可以相互学习、取长补短，共同提高自己的专业化水平。教师需要关注学生的全面发展，不仅关注学生的学科知识掌握情况，还要关注学生的情感态度、价值观、实践能力等方面的培养。在数字化多元评价体系中，教师应该注重评价学生的综合素质，促进学生的全面发展。

第四节 教师专业发展的数字化教学案例四
——"免疫学基础"虚拟仿真实验教学模式

虚拟仿真实验教学一流课程是新时代中国高等教育重点打造的五大"金课"之一。虚拟仿真实验教学平台是为培养学生创新能力而开发的一套虚拟仿真实验教学系统。它集成了多媒体技术、网络技术、数据库技术、计算机技术，搭建相对逼真的虚拟化环境，并借助于特殊显示器为人们提供更加真实的视觉效果与听觉效果。其具备沉浸性、交互性、高感知性等特点，在提高教学质量、教学效率等方面也发挥着至关重要的作用。这是因为将虚拟现实技术应用到教学工作中，可以使学校不具备条件存在的事物，出现在学生眼前，使一些不具备条件开展的实践工作变成可能，从而做好相关内容知识的学习。因此，做好虚拟现实技术与教育教学工作的充分融合，具有十分重要的现实意义。

虚拟仿真实验教学平台不仅可以有效推动实训工作的开展，还可以有效强化学生的技能训练，打破传统实训室的各种固化限制，足不出户就可以让学生通过反复的技能训练，进一步加强自身的动手操作能力，加深对理论知识的理解。尤其是与传统的实验室相比，虚拟现实教学的成本更低，耗材更少，但教学效率更高。这是因为在虚拟实训过程中，其所使用到的实验仪器、实训工具，基本上都是通过 3D 建模这种虚拟手段设计出来的。因此，在实训前，就可以为学生预留出充足的时间，让学生对实训课程中可能用到的各类工具与设备，建立一个初步的感性认识。同时，还可以充分利用虚拟现实技术，创建出不同的虚拟实训环境，也可以通过不同参数的设置，设定出不同配置的虚拟环境，让学生能够在虚拟实训环境中，通过多次的实践技能训练，获得在不同环境下、不同因素影响下最真实的实验数据。

而在这个过程中，无论是实验环境还是实验仪器，都是虚拟出来的，所以也大大地节省了实训设备的更新、维护费用，以及实训场地的铺设费用。此外，在教学过程中还可以根据现实技术和实训设备的型号发展，紧贴时代技术的潮流前段，对实训室进行大规模的全面更新，而学生在实训过程中，也不必担心因为人为操作失误，造成实训设备的毁坏，也不必担心在实验过程中出现任何的人身危险，这样学生就可以放心大胆地进行实训，更有利于学生发挥自身的创造性思维。所以建设高质量的现代化教育，虚拟仿真实验教学平台是十分必要的。

本案例立足于教师专业发展的视角，以"免疫学基础"第 7 章知识"抗原抗体反应及应用"为例说明虚拟仿真实验教学模式的设计和实施：营造仿真的实验环境，以期达到身临其境的效果，提高学生学习兴趣、综合设计能力和有效的实验成功率，达到提高实验教学质量的目的，与实验教学中心现有的实体实验平台形成虚实互补，构建一个完善的教学系统，全面提高学生创新精神和实践能力。

一、虚拟仿真教学设计和流程

"抗原抗体反应及应用"部分所涉及的实验，主要包含抗体的制备和抗体的应用两部分。两部分内容都可分为经典和前沿技术及应用。抗体制备的经典实验主要是：多克隆抗体(多抗)和单克隆抗体(单抗)的制备；抗体制备的前沿技术主要有噬菌体展示技术等。抗体应用的经典实验主要有：ABO 血型鉴定、酶联免疫吸附试验(ELISA)和蛋白质免疫印记(Western blot)；抗体应用的前沿技术包含：ADC 抗体药物偶联物和嵌合抗原受体 T 细胞(CAR-T)技术等。经典实验可以通过演示实验、实验视频等形式向学生展示，前沿应用部分则通过 VR/AR 虚拟仿真实验平台向学生展示。学生在学习和掌握经典和前沿的技术应用后，再通过实践实训项目的实操，来考查解决实际应用问题的能力，达到课程教学的知识、能力和素质等培养目标。

1. 实验内容

学生可通过"抗原抗体反应及应用"虚拟仿真实验平台(图 4-1)完整体验研究的全过程。

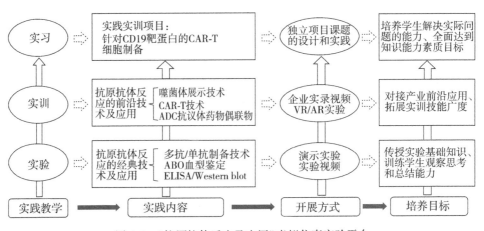

图 4-1　"抗原抗体反应及应用"虚拟仿真实验平台

虚拟仿真实验教学分为：实验、实践和实习三个部分。

在实验部分，教师通过演示实验和播放实验视频（图 4-2）等方式，向学生传授抗原抗体反应的经典技术及应用，包括：多抗/单抗的制备技术、ABO 血型鉴定的原理和操作、ELISA/Western blot 技术的原理和操作等。通过实验部分内容的学习，训练学生的观察、思考和总结能力。

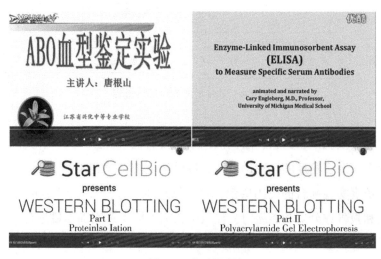

图 4-2　实验视频

在实训部分，利用虚拟仿真 VR/AR 技术和企业实录制品，向学生展示抗原抗体反应的前沿技术及应用，包括：噬菌体展示技术、CAR-T 技术和 ADC 抗体药物偶联物的制备和应用等。通过实训部分的亲身体验，联通课程内容和产业前沿应用的渠道，让学生了解知识的产业应用，拓展实训技能的广度。

在实习部分，由学生分组完成实践实训项目：针对 CD19 靶蛋白的 CAR-T 细胞制备。学生需要合作完成项目背景调研、项目策划、依托虚拟仿真实验平台的项目实施、项目报告以及项目反思等各个环节，培养学生解决实际应用问题的能力，达到课程培养的知识、能力和素质目标。

2. 实验流程

学生可通过虚拟仿真实验平台完整体验实践实训项目（针对 CD19 靶蛋白的 CAR-T 细胞制备）研究的全流程（图 4-3）。

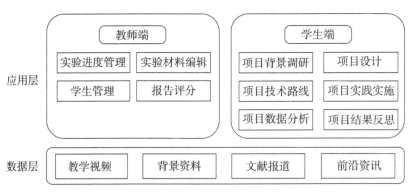

图 4-3 实践实训项目研究流程

虚拟仿真实验平台的数据层提供包括：教学视频、背景资料、文献报道和前沿资讯等多来源多角度实验辅助材料，以供学生在实践实训项目设计时参考。

虚拟仿真实验平台的应用层中，教师端提供实验进度管理、实验材料编辑、学生管理和报告评分等功能接口，让教师根据不同实践实训项目进行素材的分类整理、学生项目进度的监督和评价等。学生端提供不同项目步骤的模板和入口，包括：项目背景调研、项目设计、项目技术路线、项目实践实施、项目数据分析和项目结果反思。学生可以方便地利用模板以及保存在数据库中的优秀项目案例为蓝本，有序地开展项目，完成项目各步骤所需的任务。

3. 实验报告

学生可通过虚拟仿真实验平台完整体验实践实训项目(针对 CD19 靶蛋白的 CAR-T 细胞制备)研究的全流程，并能够通过训练生产规范的实验报告(图 4-4)。

完整的实践实训项目实验报告需要囊括从背景调研、项目设计、技术路线、项目实施、数据分析和结果反思的各部分内容。以"针对 CD19 靶蛋白的 CAR-T 细胞制备"为例的实践步骤包括：

背景调研。学生需查阅文献和产业动态，深入了解 CD19 CAR-T 目前上市产品信息，尤其是与 CAR-T 细胞制备相关的 CD19 抗体序列信息和嵌合抗原受体序列信息，撰写文献综述，为后续实验的开展打下基础。

序列设计。本项目的核心要素就是 CD19 CAR 序列的设计。这一步考查学生

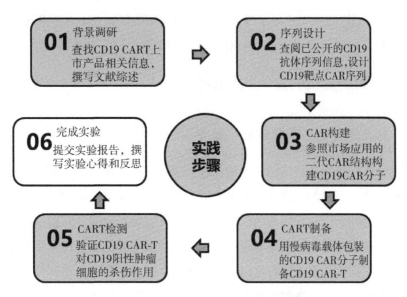

图 4-4　实践实训项目研究实践步骤

是否具有从公开的专利文献中查找 CD19 抗体序列并获取关键信息的能力。在此基础之上，根据 CAR 序列设计原则，要求能将抗体关键序列合理地嵌入 CAR 分子中，形成有效的 CD19 CAR 分子。

CAR 构建。在上一步获取 CAR 序列的基础之上，基于虚拟仿真实验平台的分子克隆平台，合成 CD19 CAR 分子用于 CAR-T 细胞的制备。

CAR-T 制备。在上一步合成 CD19 CAR 分子的基础之上，基于虚拟仿真实验平台的细胞转化平台，用慢病毒包装的方法将 CD19 CAR 序列导入 T 细胞中，形成有效的 CD19 CAR-T 细胞。

CAR-T 检测。在上一步制备 CD19 CAR-T 细胞的基础之上，基于虚拟仿真实验平台的细胞反应平台，测试 CD19 CAR-T 细胞对表达 CD19 分子的肿瘤细胞的杀伤作用。

完成实验。经过上述步骤，学生获得了从序列筛选、分子克隆、CAR-T 细胞制备到 CAR-T 细胞杀瘤作用验证的各个环节。收集实验数据完成实验报告，并撰写实验心得和反思。

基于虚拟仿真实验平台，经过实验、实训和实习的训练，学生不仅对"抗原抗体反应及应用"的原理获得了深入了解掌握，还能紧跟产业应用需求，完成实践应用项目，获得了知识、能力和素质的综合提升。

二、虚拟仿真实验教学模式的创新

1."免疫学基础"虚拟仿真实验平台的设计创新

免疫学基础虚拟仿真实验平台的设计创新主要体现在五个方面。一是实验场景的虚拟仿真。传统的免疫学实验通常需要特定的实验室环境和设备，而这些条件往往受到时间、空间和资源的限制。虚拟仿真实验平台通过高精度的三维建模技术，真实还原实验室的场景和设备，让学生在虚拟环境中进行实验操作，虚拟场景还可以根据实验需求进行灵活调整和优化，提高实验的效率和效果。二是实验操作的交互性设计。虚拟仿真实验平台不仅提供静态的实验场景，还通过先进的交互技术，让学生可以与虚拟环境进行实时的互动和操作。比如，学生可以通过鼠标点击、拖拽等方式在虚拟实验室中进行仪器操作、样本处理等步骤，感受到与真实实验相似的操作体验。这种交互性设计不仅提高了学生的学习兴趣和参与度，还有助于培养学生的实践能力和创新思维。三是实验过程的可视化呈现。免疫学实验通常涉及复杂的生物分子和细胞反应过程，这些过程往往难以直接观察和理解。虚拟仿真实验平台通过动画、图表等可视化手段，可以生动形象地展示实验过程中的微观变化和反应机制，帮助学生更好地理解和掌握免疫学知识。同时，可视化呈现还可以让学生及时发现和纠正实验操作中的错误和不足，提高实验的准确性和可靠性。四是实验数据的智能分析与处理。虚拟仿真实验平台通过集成先进的数据分析和处理算法，可以对学生在虚拟环境中的实验操作进行实时跟踪和记录，并生成详细的实验数据和报告。这些数据不仅可以用于评估学生的实验表现和成绩，还可以为教师提供有价值的教学反馈和改进建议，智能分析与处理功能还可以帮助学生更好地理解和掌握实验数据背后的科学规律和原理。五是实验教学的个性化与协作性支持。虚拟仿真实验平台支持个性化的实验教学设置，教师可以根据学生的学习需求和兴趣定制实验内容和难度，满足不同层次和背景的学生需求。同时，平台还支持多人在线协作实验功能，学生可以在虚拟环境中进行小组讨论、分工合作等协作活动，培养团队协作精神和沟通能力。这种个性化与协作性支持有助于提高学生的参与度和学习效果，促进免疫学实验教学的创新与发展。

2."免疫学基础"虚-实结合实验教学模式创新

虚-实结合的免疫学基础实验教学模式具有显著的创新性和实用性。通过该教学模式的应用，可以提高学生的学习效果和实践能力，降低实验成本和风险，为免疫学实验教学提供一种新型的教学方式。首先是虚拟实验的应用：利用计算机模拟技术，构建虚拟的免疫学实验环境，让学生在计算机上进行实验操作。虚拟实验具有操作简便、安全可靠、可重复性强等优点，可以帮助学生熟悉实验流程、掌握实验技能，同时降低实验成本和风险。其次是实际操作实验的补充：在虚拟实验的基础上，安排适量的实际操作实验。实际操作实验可以让学生亲身参与实验过程，感受实验操作的真实性和复杂性，培养学生的实践能力和动手能力。最后是线上线下相结合的教学方式：将虚拟实验和实际操作实验相结合，形成线上线下相结合的教学方式。线上部分包括虚拟实验的学习和实验操作视频的观看，线下部分包括实际操作实验的操作和实验报告的撰写。这种教学方式既可以利用线上资源的优势，又可以发挥线下教学的实际效果，做到"虚实结合、相互补充、能实不虚"的原则。

3. 虚拟实验平台的内容创新，突出"免疫学基础"的鲜明特色

虚拟实验平台的内容创新，可以突出免疫学基础的鲜明特色，为学生提供更加深入、生动的学习体验。免疫学基础知识的整合与优化：将免疫学基础知识进行系统化整合，形成完整的知识体系，针对学生的学习需求和兴趣点，对知识点进行优化和重构，以更加生动、有趣的方式呈现给学生。利用虚拟现实技术，创设真实的免疫学实验场景，让学生在虚拟环境中进行实验操作。例如，可以模拟人体免疫系统的运作过程，让学生观察和分析不同免疫细胞的功能和相互作用。通过设计互动式学习体验，让学生在虚拟实验平台中积极参与、动手实践。例如，可以设置实验任务和挑战，让学生在完成任务的过程中，深入了解免疫学的原理和应用。根据学生的学习情况和兴趣爱好，为其定制个性化的学习路径。例如，可以根据学生的学习进度和反馈，推荐相关的学习资源和实验项目，以满足

学生的个性化需求。在实验过程中，学生可以收集实验数据，并进行分析和解读。通过数据分析和解读，学生可以更加深入地理解实验原理和应用，提高实验教学效果。

第五章　场景·环境·空间

数字化赋能对教师的专业发展产生了深远的影响，为其创造了前所未有的广阔场景、边界和空间。数字化技术为教师提供了丰富的教学资源和工具，极大地拓宽了他们的教学视野。通过在线教育平台、智能教学软件等数字化工具，教师可以轻松获取海量的教学素材，实现多样化的教学设计和个性化的学习路径。数字化技术打破了地域和时间的限制，教师可以通过网络平台参与各种在线研讨会、培训课程和学术交流活动，与来自不同地区的同行分享经验、探讨问题。这种跨地域的交流与合作不仅拓宽了教师的专业视野，也促进了他们之间的知识共享和互助成长。数字化技术为教师提供了更多的专业发展机会和空间，教师可以利用数字化平台开展课题研究、发表学术成果，提升自己的学术影响力和社会地位。数字化技术使得教师能够更容易地获取最新的教育理念和教学方法，保持与时代的同步，不断提升自己的专业素养和教学能力。教师可以通过网络空间与全球的教育资源进行连接，与世界各地的教育者进行互动和合作。这种开放性和包容性的环境为教师的专业发展提供了更多的可能性和机遇。

本章分为三部分。第一部分从泛在学习的角度，论述数字化赋能教师专业发展的学习场景。泛在学习作为一种新型的学习模式，其多元发展态势与教师数字化素养紧密关联，而泛在教育环境创造的应用场景，促使教师成功实现角色转变，为教师创造力的提升提供了广阔的空间和丰富的资源。第二部分从智慧学习的角度，论述数字化赋能教师专业发展的生态环境。智慧学习为教师提供了全新的学习和发展平台，实现了教育理念的更新、教学手段的创新、教师社群的构建以及政策与制度的完善。智慧学习数字技术从工具支架、协同学习、移动学习、互动体验、交互阅读五个方面为教师的专业发展提供了强大的支持和赋能作用，形成了促进知识创造的智慧学习交互空间。第三部分从跨界学习的角度，论述数字化赋能教师专业发展的成长空间。数字化赋能跨界学习促使教师探索新的科研范式，通过利用大数据、人工智能等数字化技术，更加深入地挖掘和分析数据，注重智能化应用的研究，并关注跨学科的研究方法。数字化赋能社交网络促使教师能够跨越地域界限进行实时互动，还提供了多种交流形式，使教师之间的合作更加紧密和高效。数字化赋能教师专业发展的国际视野使得教师能够更方便地获取全球范围内的教育信息和资源，了解不同国家的教育理念和实践，使其能够站在全球的高度审视教育问题，推动教育的创新与发展。

第一节　泛在学习：数字化赋能教师专业发展的学习场景

泛在学习（Ubiquitous Learning）是 21 世纪以来随着信息技术的飞速发展而兴起的一种学习模式，它基于数字化、网络化的环境，将学习融入人们的日常生活，实现了学习的随时性和随地性。泛在学习不再局限于传统的教室、教科书，而是通过移动设备、智能终端等技术手段，让学习变得更加便捷、个性和灵活。泛在学习作为数字化教育的一种表现形式，正在为教师专业发展提供新的学习场景。

一、泛在学习的多维发展态势与教师数字化素养

数字化时代的泛在学习多元发展态势表现为学习资源的日益丰富和开放，学习方式的个性化和多样化，以及学习场景的拓展和融合。泛在学习强调学习的无处不在、个性化和以学习任务为焦点，通过技术支持实现学习的智能化和高效化。泛在学习通过移动设备、智能手机、平板电脑等多种终端，创造了无处不在的学习环境，学习不再受限于特定的地点和时间，人们可以在工作、旅行、休闲等不同场景下进行学习，打破了传统学习的时空限制。泛在学习运用智能算法分析学习者的行为和反馈，根据个体的兴趣、需求和学习进度，推荐量身定制学习资源和内容，提高学习效率和积极性，为每个学习者提供个性化和定制化学习材料。泛在学习汇集了多样化的学习资源，学习者可以从全球各地不同渠道获取信息，包括文字、图片、音频、视频等多种形式，拓宽知识面，丰富学习内容和体验。泛在学习为学习者提供了互动和合作的学习场景，学习者之间可以通过社交

媒体、在线论坛、协作工具等进行交流和合作，这种互动可以促进思想碰撞，加深理解，并在解决问题时提供不同角度的观点。泛在学习强调学习的连续性和渗透性，它不仅仅发生在正式的学习场景中，也包括日常生活中的点滴学习，学习者可以随时随地获取信息，并及时将学到的知识应用于实际场景中，不断地进行自我反思和调整。泛在学习鼓励学习者主动探索和解决问题，不再仅仅以传授知识为主要目标，而是培养学习者解决问题的能力、创新思维和自主学习能力。泛在学习的数字化特点使得学习过程可以被记录、分析和评估，学习者的行为和表现可以转化为数据，通过分析这些数据，教育者和学习者可以了解学习的进度和效果，从而做出更好的调整和决策。由此可见，泛在学习作为一种新型的学习模式，突破了传统教育的界限，使学习变得更加自由、灵活和多样化，有助于培养学习者的终身学习能力，促进教育的创新和发展。

教师数字化素养是指教师利用数字技术获取、加工、使用、管理和评价数字信息和资源的能力，以及优化、创新和变革教育教学活动而具有的意识、能力和责任。泛在学习的多元发展态势与教师数字化素养的紧密关联，正在成为教育领域的重要变革趋势。随着信息技术的不断发展，教师需要不断提升自己的数字化教育能力，以适应这一变革趋势。在泛在学习的背景下，教师数字化素养显得尤为重要。首先，具备较高数字化素养的教师能够更有效地利用泛在学习的资源，掌握必要的信息技术技能，更好地利用数字化工具，熟练操作各种在线教学平台，制作和分享高质量的教学资源，从而为学生提供更丰富、更个性化的学习体验。其次，教师的数字化素养有助于推动学习方式的变革。通过运用数字化工具和技术，教师可以设计更具创新性和互动性的教学活动，激发学生的学习兴趣和积极性，提高学习效果。此外，教师的数字化素养还能够促进学习场景的拓展和融合。他们可以借助数字技术打破时空限制，将学习延伸到课堂之外，使学生在不同的环境中都能进行有效的学习。同时，泛在学习的多元发展态势也为提升教师数字化素养提供了契机。随着泛在学习的深入发展，教师需要不断学习和掌握新的数字技术，以适应这一变革趋势。这一过程将有助于提升教师的专业素养和综合能力，使他们更好地适应现代教育的需求。

综上所述，泛在学习的多元发展态势与教师数字化素养之间存在紧密的联系。提升教师的数字化素养是推动泛在学习发展的关键所在，也是提升教育质量、促进学生全面发展的重要保障。

二、泛在教育环境下教师专业发展的角色转变

泛在教育环境（Ubiquitous Learning Environment，ULE）是一个包容性的学习空间，它超越了传统教育的局限，使学习不再受限于特定的地点或时间。这种环境充分利用了现代信息技术的优势，为学习者提供了更加灵活、便捷和个性化的学习体验。在泛在教育环境中，教育资源是丰富多样的，基于学习者的兴趣、学习风格、学习习惯以及要求的分析，提供智能化的综合信息资源。这些资源不仅包括传统的文字、图片和音频材料，还包括各种交互式的多媒体内容，使得学习变得更加生动有趣。网络化的学习环境则使泛在教育成为可能。通过网络连接，学习者可以随时随地访问学习资源，与其他学习者或教师进行互动交流，分享学习心得和经验。这种互动和合作的学习方式有助于培养学习者的批判思维、创新能力和团队协作精神。在泛在教育环境下，教学内容也得到了极大的丰富和拓展。教育者可以根据学习者的需求和兴趣，灵活调整教学内容和方式，提供更加个性化和精准的教学服务。同时，学习者也可以根据自己的学习进度和能力水平，自主选择学习内容和节奏，实现真正的自主学习。此外，学习终端机器的多样性也是泛在教育环境的一大特点。除了传统的计算机或掌上电脑外，学习者还可以使用平板电脑、高功能综合型手机、智能机器人、高画质电视等尖端设备进行学习。这使得学习不再受限于特定的硬件设备，进一步提升了学习的灵活性和便利性。总的来说，泛在教育环境为学习者提供了一个更加开放、自由、灵活的学习空间，有助于培养学习者的终身学习能力和创新精神。

在泛在教育环境下，教师专业发展的角色发生了显著转变。这一转变主要源于泛在教育的特点，即教育资源的广泛可得性、学习方式的多样性和个性化，以及教育技术的快速发展。首先，教师从传统的知识传授者转变为学习引导者和促进者。在泛在教育环境中，学生可以通过多种渠道获取知识和信息，教师不再是唯一的知识来源。因此，教师的角色不再是简单地灌输知识，而是引导学生如何有效地学习，帮助他们发现问题、解决问题，并培养他们的自主学习能力。其次，教师成为学习伙伴和合作者。泛在教育鼓励学生之间的合作与交流，而教师则在其中扮演着桥梁和纽带的角色。他们与学生共同学习、探讨问题，分享彼此

的知识和经验，建立一种平等、互助的师生关系。这种角色转变有助于培养学生的合作精神和创新能力。此外，教师还需要成为教育技术的探索者和应用者。随着教育技术的不断发展，泛在教育环境对教师的技术要求也越来越高。教师需要不断学习和掌握新的教育技术，如在线教育平台、虚拟现实技术、人工智能等，以更好地服务于学生的学习需求，探索如何将这些技术有效地融入教学中，提高教学效果。最后，教师还需要成为教育创新的推动者。在泛在教育环境下，教育创新是推动教育发展的重要动力。教师需要关注教育前沿动态，积极参与教育研究和改革，探索新的教学模式和方法，以适应泛在教育环境的需求。

在泛在教育环境下实现教师的角色转变是一个系统性的过程，涉及多个方面的努力和策略。教师需要更新教育观念，深刻认识到泛在教育的特点和优势，理解其对学生学习方式和教育方式的深远影响，从"以教师为中心"转变为"以学生为中心"，强调学生的主体性和自主性。教师需要提升信息技术能力，积极参与信息技术培训和学习，掌握和应用新的教育技术，如在线教育平台、虚拟现实、人工智能等，将其有效融入教学。教师需要转变教学方式，注重学生的个体差异，提供个性化的学习支持和指导，采用更加灵活和多样的教学方式，如项目式学习、协作学习、探究式学习等，以激发学生的学习兴趣和积极性。教师需要建立新型师生关系，倾听学生的声音和需求，关注他们的情感变化，提供及时的情感支持和引导，与学生建立平等、互助的合作关系，成为学生的学习伙伴和指导者。教师需要积极参与教育研究与改革，关注教育前沿动态，探索适合泛在教育环境的教学模式和方法，积极参与专业培训和学术交流活动，与同行交流经验，分享成功案例，不断提升自己的专业素养和教学能力。总之，教师可以在泛在教育环境下成功实现角色的转变，这种转变将有助于提升教师的教学效果和学生的学习体验，推动教育的持续创新和发展。

三、数字化赋能教师专业发展的泛在教育应用场景

泛在教育环境以泛在技术和网络为中心，将计算机嵌入物理空间，使物理空间智能化的同时，将物理空间的各种事物联网化，从而形成一种真实空间和虚拟空间组合而成的环境。这种环境使物理环境和事物之间的信息流动如同电子空间一样畅通无阻，就好像人们真正生活在其中一样。具体来说，泛在教育环境主要

包括教育资源和学习终端机器两个方面。泛在教育资源基于学习者的兴趣、学习风格、学习习惯以及要求的分析，提供生动的、多媒体信息丰富的下一代智能型综合信息资源。这种资源使学习者能够随时随地按照自己的兴趣和需要下载和使用。学习者可以根据自己的喜好和实际情况选择合适的学习终端，如平板电脑、智能手机、智能机器人或高清智能电视等。所以，泛在学习使学习行为的发生不受物理条件的限制，学习所需的资源不受时空的限制，学习的过程可以得到不间断的支持。

泛在学习环境在教育领域的应用场景非常广泛，具有多样性和灵活性，涵盖了多个层面和形式的教育活动，可以根据不同的教育需求和目标进行定制和优化。

课堂学习与个性化教学。教师可以利用泛在学习环境提供的丰富数字化资源，为学生设计个性化的学习路径。学生可以根据自身的学习进度和兴趣，选择适合自己的学习内容和方式，通过在线学习平台、移动学习设备等进行学习，从而提高学习效果。科学阅读在泛在学习环境中体现出的泛在性、情境性、互动性和个性化特点①，就是一个典型的案例。传统阅读往往难以为学习者提供有针对性、及时性的方法指导和评价，但利用传感器对学习者个人情况、环境情况、学习设备等信息进行记录，教师就可以从数据库中检索学习者阅读时的个人数据、环境信息、学习设备等参数，从而有针对性地进行辅导与评价活动。例如当学习者不知道植物的名称并用桌面电脑或移动设备将这些情景和经历记录下来时，系统便会同时记录作者姓名、语言、创建时间、地点（纬度和经度）和学习标签。当学习者再次进入曾经的学习情境时，系统会自动生成小测验。当学习者有晚上在家学习的习惯并且晚上在家时，系统就会提示他复习所学的内容；如果另一名学习者进入同样的学习情境，其能力与前一名学习者相同，系统将会向他推荐相同的内容。通过个性化推送为学习者提供针对性的阅读指导和反馈，泛在学习环境为科学阅读的发展提供了机遇，满足学习者的无缝学习需求，促进学习者理解科学知识，丰富学习者的情感体验和交互。

实践场景与模拟实验。在职业教育或技能培训中，泛在学习环境可以支持学

---

① 李亭亭，高潇怡. 泛在学习环境中科学阅读的探析与反思[J]. 数字教育，2022(5).

生在实际工作场景中进行模拟实验和实践操作。利用移动设备和无线网络技术，学生可以在模拟的工作环境中进行技能训练，提高实际操作能力和问题解决能力。湖南大学现代工程训练中心通过分析开展开放式工程训练的必要性，构建了基于工程训练中心的开放泛在学习平台，从时间、空间、资源三个维度实践了新的开放模式①。在时间维度上，全开放模式最大限度地满足学生需求，除了上课外，其他时间全部对学生开放场地、工量夹具以及设备设施。在空间维度上，设置全开放的工量夹具借用区、仪器设备操作区、装配调试区等。针对创新创业团队及跨学科学生团队，还设置了相应的讨论区、路演区等。在资源维度上，运用云技术专门搭建了云工训平台，整合系统化的专业学习资源，以学生容易接受和喜欢的形式或适合知识点的呈现形式(如视频、动画、仿真、PPT 甚至游戏闯关等)，成体系地建设了线上资源库，供学生自主查阅、学习和练习。针对一些具有危险性的大型实训项目如风力发电等，开发了虚拟仿真实验。这种模式在实践与应用中取得了良好的效果，对新工科的发展起到支撑作用，具有一定的示范推广价值。

在线协作与互动交流。泛在学习环境为学习者和教师提供了更多的交流和互动机会。学生可以通过在线讨论、协作学习、实时互动等方式，与教师和同学进行交流和合作，共同解决问题，分享学习成果。张琦教学团队为实现既能发挥教师主导作用又能充分体现学生主体地位的教与学方式，运用信息技术手段打造《三维建模技术》的全新泛在学习环境②。团队使用超星学习通作为数字化平台，学生可以使用不同的移动设备登录到平台上，如电脑、手机、iPad 等电子设备，可以随时观看教学视频、参与讨论、师生答疑等。教师创建课程、添加学生名单后，学生可以浏览课程的所有资源，师生之间也可实现实时交流，学生的问题可以得到及时的解答。除此之外，教师还可以利用学习通进行日常考勤、发布作业、点评作品、讨论与答疑，在课堂教学时通过课程投屏发放课堂活动等，平台收集学生学习数据后进行汇总统计，以图表的形式展示出每位同学的各项学习活

---

①　王群，等. 新工科背景下开放式工程训练模式的探索与实践[J]. 中国现代教育装备，2023(11).

②　张琦，等. 泛在学习环境下的《三维建模技术》课程教学改革实践[J]. 电脑与信息技术，2023(12).

动参与情况，教师亦可以自主设置各项数据的权重值，全面了解学生对本课程学习的参与情况。

综上所述，泛在教育作为一种新型的教育模式，为教师的创造力提升提供了广阔的空间和丰富的资源。首先，泛在教育强调个性化和多元化的教学方法，鼓励教师尝试使用各种创新的教学手段和工具。例如，教师可以利用虚拟现实、增强现实等技术，为学生创造沉浸式的学习体验，激发学生的学习兴趣和积极性。这些新的教学手段不仅丰富了教学内容，也为教师提供了展示创造力的舞台。其次，泛在教育提供了丰富的教学资源和开放的学习平台，使教师能够更便捷地获取最新的教育理念和教学方法。教师可以通过在线课程、学术论坛、专业社区等途径，与其他教师进行交流和分享，了解最新的教育动态和实践案例。这种跨界的交流和合作有助于激发教师的创新思维。此外，泛在教育还鼓励教师进行跨学科的教学和研究。传统的教育模式往往将知识划分为不同的学科领域，而泛在教育则强调知识的整体性和连贯性。教师可以尝试将不同学科的知识进行整合与融通，设计跨学科的课程和项目，培养学生的综合能力和创新思维。这种跨学科的教学和研究有助于拓宽教师的视野，激发教师的创造力和创新精神。

第二节　智慧学习：数字化赋能教师专业发展的生态环境

智慧学习是在当今信息化社会背景下兴起的一种新型学习方式，强调学习者在智慧环境中按需获取学习资源，灵活自如地开展学习活动，快速构建知识网络和人际网络。智慧学习实践活动的特性体现在学习目标高阶化、资源共享开放化、学习交互虚拟化、学习路径个性化、评价多元智能化。智慧学习作为一种数字化赋能教师专业发展的生态环境，为教师提供了全新的学习和发展平台。在这个生态环境中，数字化技术为教师专业发展提供了丰富的资源和便捷的工具，有助于提升教师的专业素养和创新能力。

一、突破时空局限的智慧学习生态环境

智慧学习生态环境的时空概念是一个融合了数字化、网络化和智能化特点的综合性学习环境，它突破了传统学习环境的时空限制，为学习者提供了更加灵

活、便捷和高效的学习体验。从时间维度来看，智慧学习生态环境打破了传统课堂学习的固定时间安排，学习者可以根据自己的节奏和需求，在任何时间进行学习。无论是白天还是夜晚，工作日还是周末，只要有学习的愿望和需求，学习者都可以随时进入智慧学习生态环境，进行个性化的学习。从空间维度来看，智慧学习生态环境摆脱了传统教室的物理空间限制。学习者不再需要亲自到达某个地点才能进行学习，而是可以通过网络连接到智慧学习平台，无论身处何地，只要有网络连接，就可以参与学习活动。这种空间上的灵活性使得学习者可以在家中、图书馆、咖啡馆等任何舒适的环境中学习，提高了学习的舒适度和效率。此外，智慧学习生态环境还通过先进的技术手段，如大数据分析、人工智能等，实现了对学习过程的智能化管理和优化。系统可以根据学习者的学习行为和习惯，自动推荐相关的学习资源和课程，提供个性化的学习路径和反馈，帮助学习者更有效地掌握知识和技能。因此，智慧学习生态环境的时空概念体现了学习的灵活性和便捷性，使学习者能够在任何时间、任何地点进行高效的学习，同时借助智能化的技术手段，提升学习效果和体验。

智慧学习生态环境通过赋能教师专业发展，实现了教育理念的更新、教学手段的创新、教师社群的构建以及政策与制度的完善。从教育理念层面来看，智慧学习强调以学生为中心，注重培养学生的创新能力和批判性思维。这要求教师在专业发展过程中，不仅要更新教学技能，更要转变教育观念，从传统的知识传授者转变为学生学习过程中的引导者和合作者。通过智慧学习平台，教师可以接触到最新的教育理念和实践案例，从而不断更新自己的教育观念，实现教育思想的现代化。在教学实践层面，智慧学习为教师提供了更多的教学手段和工具。例如，教师可以利用虚拟现实、增强现实等技术，为学生创造更加真实、生动的学习环境；利用大数据和人工智能技术，对学生的学习过程进行精准分析，为个性化教学提供依据。这些新的教学手段和工具不仅提高了教学效果，也激发了教师的教学创新热情，推动了教学实践的不断发展。从教师社群层面来看，智慧学习打破了教师之间的地域限制，使得教师可以跨越学校、地区的界限，形成更加紧密的社群联系。通过在线社交平台、专业论坛等途径，教师可以分享教学经验、交流教学心得、共同探讨教育问题。这种社群化的学习方式不仅有助于教师的专业成长，也促进了教师之间的合作与交流，推动了教育资源的共享和优化。从政策与制度层面来看，智慧学习的发展需要得到政策与制度的支持和保障。政府和教育部门加大了对智慧学习平台的建设和推广力度，为教师提供更多的专业发展机会和资源；建立起完善的评价和激励机制，鼓励教师积极参与智慧学习，推动其专业发展。这些方面的进步不仅拓展了教师专业发展的边界，也为整个教育领域的改革和发展注入了新的活力。

基于智慧学习生态环境的教师专业发展，突破时空局限主要依赖于信息技术的深度应用和学习模式的创新，实现个性化、异步化、碎片化和远程化的学习。一是利用在线学习平台实现异步学习。通过参与在线课程、观看教学视频、参与论坛讨论等方式，教师可以在任何时间、任何地点进行专业学习。这种异步学习模式打破了传统课堂学习的时空限制，使得教师能够根据自己的时间和进度进行学习。二是借助移动设备进行碎片化学习。利用智能手机、平板电脑等移动设备，教师可以随时随地获取学习资源，进行碎片化的学习。无论是等车、休息还是旅行，都可以利用这些碎片时间进行学习，提升专业素养。三是通过协作工具实现远程协作。智慧学习生态环境中的协作工具，如在线文档、视频会议系统等，使得教师能够跨越地域限制，与其他教师、专家或学者进行远程协作。他们可以共同备课、研讨教学方法、分享教学经验，从而提升教学效果和教学质量。四是利用数据分析工具进行精准教学。智慧学习生态环境中的数据分析工具，可以帮助教师收集和分析学生的学习数据，了解学生的学习情况和需求。基于这些数据，教师可以制定更加精准的教学策略和方案，实现个性化教学。

二、打造融合共生的智慧学习数字技术

融合共生的智慧学习数字技术是一个综合性的概念，涵盖多个领域的知识和技术，即在智慧学习理念的指导下，利用数字技术将各种学习资源、技术、方法和理念融合在一起，为学习者提供一个更加高效、灵活、个性化的学习环境，促进学习者的全面发展。"融合共生"强调不同元素或系统之间的融合与协同发展。在智慧学习的背景下，这意味着将各种学习资源、技术、方法和理念融合在一起，共同促进学习者的成长和发展。同时，这也包括学习者和教师、学习者与学习内容、学习者与学习环境之间的共生关系，即相互依存、相互促进的关系。"智慧学习"是一种新型的学习方式，它强调学习者在智慧环境中按需获取学习

资源，灵活自如地开展学习活动，快速构建知识网络和人际网络。这种学习方式以发展学习者的学习智慧和提高创新能力为最终目标，关注能力与智慧的生成，使学习者对学习产生真正意义上的理解。"数字技术"是实现智慧学习的重要工具。数字技术利用计算机、网络、通信等手段，将信息、数据转化为数字形式进行存储、处理、传输和展示。在智慧学习中，数字技术可以帮助学习者更加高效地获取和利用学习资源，支持学习者开展多样化的学习活动，实现个性化的学习体验。

构建智慧学习环境的学习技术研究主要集中在工具支架、协同学习、移动学习、互动体验、交互阅读五方面。在智慧学习环境中，工具支架起着至关重要的作用。它不仅能够为学习者提供清晰的学习目标和导航，还能帮助学习者在学习过程中有效管理和组织知识。这些工具支架通常包括学习资源的推荐、学习路径的规划、学习进度的跟踪以及学习反馈的提供等。通过这些工具支架，学习者能够在智慧学习环境中更加高效、有序地进行学习。协同学习是智慧学习环境中的另一个重要方面。它强调学习者之间的合作与交流，通过共同完成任务、分享资源和经验，实现知识的共享和深化。在智慧学习环境中，协同学习可以通过在线协作工具、小组讨论、项目合作等方式实现。这种学习方式不仅能够提升学习者的学习效果，还能培养他们的团队合作和沟通能力。随着移动互联网的普及，移动学习已经成为智慧学习环境的重要组成部分。移动学习使得学习者能够随时随地进行学习，不再受时间和地点的限制。在智慧学习环境中，移动学习通过移动应用、在线课程、学习资源推送等方式，实现学习资源的优化和适配，以确保学习者能够在不同设备上获得良好的学习体验。智慧学习环境强调学习者的互动体验。通过丰富的互动方式和手段，如虚拟实境、增强现实、在线讨论等，学习者能够更深入地参与学习过程，提升学习兴趣和积极性。互动体验能够促进学习者之间的交流和合作，形成积极的学习氛围。在智慧学习环境中，交互阅读成为一种新型的学习方式。交互阅读通过利用数字技术和智能工具，能够为学习者提供个性化的阅读体验和深度学习的机会。例如，学习者可以通过智能标注、内容推荐、阅读分析等功能，更加深入地理解和分析文本内容，提升阅读能力和思维水平。

这些技术在教育领域的实践应用为教师的专业发展提供了强大的支持和赋能

作用。它们不仅提升了教师的教学水平和能力,也促进了教师之间的合作与交流,推动了教育的创新和发展。工具支架的应用使得教师能够更高效地组织和管理教学资源,个性化地满足学生的学习需求。通过智能学习平台和数据分析工具,教师可以更精准地了解学生的学习状况,制定针对性的教学策略,从而提升教学效果。这种以数据驱动的教学方式不仅提高了教师的教学水平,也使他们更加适应信息化时代的教育需求。协同学习技术的引入促进了教师之间的合作与交流。通过在线协作工具和平台,教师可以共享教学资源、讨论教学方法、共同解决教学中遇到的问题。这种合作与交流的过程不仅有助于提升教师的教学能力,也促进了教师之间的专业成长和共同进步。移动学习技术的发展使得教师可以随时随地进行学习,不断提升自己的专业素养。通过移动设备,教师可以方便地获取最新的教育资源、参加在线培训课程、与同行进行交流和讨论。这种灵活的学习方式不仅提高了教师的学习效率,也使他们能够更好地适应教育行业的快速发展和变化。互动体验技术和交互阅读技术为教师的教学创新提供了更多的可能性。通过这些技术,教师可以为学生创造更加丰富、生动的学习体验,激发学生的学习兴趣和积极性。同时,这些技术也能够帮助教师更好地理解和分析学生的学习过程,从而优化教学方法和策略。

三、促进知识创造的智慧学习交互空间

促进知识创造的智慧学习空间是一个连接教室空间、虚拟空间、社会空间的学习环境,其设计和应用旨在智能地记录学习过程,有效整合、提取、分析有意义的学习行为数据,帮助师生进行精准决策,使每个学习个体都能获得学习支持与服务。这样的学习空间不仅为学习者提供了丰富的学习资源和个性化的学习路径,还通过智能技术和创新教学方法,促进了知识的创造和传播。在智慧学习空间中,学习者的学习过程被智能地记录和分析。系统可以收集和分析学习者的学习行为数据,为教师提供学生的学习进度、兴趣点和难点等信息,帮助教师制定更符合学生需求的教学计划。同时,学习者也可以根据自己的学习情况和需求,获取个性化的学习建议和资源推荐,提高学习效率。智慧学习空间提供了多元化的学习资源和交互方式。学习者可以通过虚拟实验、在线讨论、协作学习等方式,与教师和同学进行互动和交流,加深对知识的理解和应用。这些交互方式不

仅有助于激发学习者的学习兴趣和积极性，还能促进学习者之间的合作和分享，推动知识的创新和传播。智慧学习空间还注重学习环境的优化和创新。通过空间规划、内部硬件、空间布局和信息服务等方面的优化，打造一个布局优化、硬件合理、虚实结合的智慧学习空间生态系统。这样的学习环境能够为学习者提供更加舒适、便捷的学习体验，同时也有助于激发学习者的创新思维和创造力。由此可见，促进知识创造的智慧学习空间是一个充满创新和活力的生态学习环境，它为学习者提供了更好的学习体验和更广阔的发展空间，也为教育领域的改革和发展提供了新的思路和方向。

促进知识创造的智慧学习交互空间是一个集知识共享、深度合作、智能分析于一体的创新学习环境。它不仅能够提供丰富的学习资源和智能化的学习工具，还能够营造出开放、自由的学习氛围，为学习者的知识创造提供有力的支持。在智慧学习交互空间中，学习者可以通过多种方式与他人、物体和环境进行交互。语言、肢体动作、表情等都可以成为交流的工具，而智能化的学习设备和工具则进一步扩展了交互的可能性。学习者可以利用这些工具进行实时讨论、协作完成任务，甚至进行虚拟实验等，从而更深入地理解和掌握知识。智慧学习交互空间具备智能分析和推荐功能。通过对学习者的学习行为和数据进行实时分析，系统可以准确地了解学习者的需求和兴趣，进而为其推荐个性化的学习资源和学习路径。这不仅提高了学习的效率，也增强了学习的针对性，使学习者能够在最短的时间内获取到最有价值的知识。智慧学习交互空间还注重营造开放、自由的学习氛围。它鼓励学习者大胆提问、挑战传统观念，用不同的角度思考问题，从而培养出解决问题的创意。在这样的环境中，学习者可以自由地表达自己的观点和想法，与他人进行深入的交流和讨论，进而激发出更多的创新灵感和想法。

促进知识创造的智慧学习交互空间在赋能教师专业发展方面扮演着重要角色。这一空间通过整合先进的技术与教育理念，为教师提供了丰富的学习资源和交互方式，从而推动他们的专业成长和提升。首先，智慧学习交互空间为教师提供了持续学习的机会。教师可以通过参与在线课程、网络研讨会、慕课等活动，不断更新自己的知识和技能，紧跟时代的步伐。这种学习方式打破了时间和空间的限制，使得教师可以随时随地进行学习，满足其个人发展和职业成长的需求。其次，智慧学习交互空间促进了教师之间的交流和合作。教师可以通过平台与其他教师进行实时讨论、分享教学经验和教学资源，共同解决教学中遇到的问题。这种合作与交流有助于激发教师的创新思维，提升他们的教学水平，进而推动整个教师群体的专业发展。此外，智慧学习交互空间还为教师提供了个性化的学习支持。通过智能分析系统，平台可以根据教师的学习行为和需求，为其推荐合适的学习资源和学习路径。这种个性化的学习方式有助于教师更加高效地提升自己的专业素养，实现个人化的专业发展。最后，智慧学习交互空间还为教师提供了丰富的实践机会。教师可以利用虚拟实验设备、在线模拟教学等工具进行实践操作和模拟教学，从而提升自己的教学实践能力。这种实践性的学习方式有助于教师将理论知识与实际教学相结合，形成自己的教学特色和风格。

第三节　跨界学习：数字化赋能教师专业发展的成长空间

在现代教育理念中，跨界学习被看作传统学习方式的重大转变，是一种从单一、线性的专业学习向碎片化、非线性的多元学习的过渡。跨界学习强调将不同领域的知识或技能融合在一起，以实现更全面、深层次的理解和掌握。跨界学习不再局限于单一领域的专业知识，而是要求人们具备跨领域思考、创新解决问题的能力。在跨界学习的环境下，学习者可以通过积极参与多元文化和跨学科的活动，开阔视野，提升思维能力和技能水平，研究不同领域的知识及其相互关系，从而达到提高自身综合素质的目的。在数字化时代，跨界学习已经成为推动教师个人成长和专业发展的重要途径。教师在数字化技术的支持下，跨越传统学科或教育领域的界限，主动汲取和整合不同领域的知识、技能与思维方式，以丰富自身的教学实践、提升教育教学能力，并适应数字化时代教育发展的需求。这种学习方式不仅有助于教师在科研方面取得突破，还能在社交网络和国际视野方面产生深远影响。

一、数字化赋能教师专业发展的科研范式

数字化赋能教师专业发展的科研范式，是指在数字化时代背景下，研究教师专业发展的过程中所采用的一系列理论、方法、技术和规范。这一范式体现了科学研究的阶段性和历史性，特别是在教师专业发展领域，它反映了数字化技术如

何推动教育研究和教师成长的创新。数字化赋能跨界学习促使教师从传统的研究框架中跳脱出来，探索新的科研范式。传统的科研范式往往受限于学科壁垒，而数字化赋能则使教师能够跨越这些界限，将不同领域的知识和方法进行融合与创新。通过利用大数据、人工智能等数字化技术，教师可以更加深入地挖掘和分析数据，发现新的研究问题和规律，从而推动科研范式的革新与进步。

数字化赋能教师专业发展的科研范式强调数据驱动的重要性。其一，数据驱动的研究方法有助于提升科研的可靠性、可重复性和有效性。科研范式要求研究者在提出问题、设计实验、采集和分析数据时，都应以数据为基础，确保研究结果的准确性和可验证性。在数字化赋能的背景下，教师可以利用各类数字化工具和技术，更高效地收集、整理和分析教学与研究数据，从而更精确地了解学生的学习状况，优化教学策略，提升教学效果。其二，数据驱动的研究有助于促进科研范式的创新与发展。随着数字化技术的不断进步和应用，教育领域产生了大量的新数据和新问题，这为教师提供了丰富的研究素材和挑战。教师需要不断探索新的科研方法和思路，以适应这种变化。在这个过程中，数据驱动的研究方法为教师提供了有力的支持，帮助他们从数据中发现问题、提出假设、验证结论，推动科研范式的创新与发展。其三，数据驱动的研究还有助于提升教师的专业素养和能力。通过学习和应用数据驱动的研究方法，教师可以更加深入地了解教育教学的本质和规律，提升自己的研究水平和能力。同时，这种研究方法也有助于培养教师的创新意识和实践能力，使他们在面对复杂的教育问题时能够提出有效的解决方案。

数字化赋能教师专业发展的科研范式注重智能化应用的研究。首先，智能化应用为科研范式提供了新的工具和方法。传统的科研方法往往受限于人力和时间，而智能化应用的出现使得教师能够更高效地处理和分析数据，提升研究效率。例如，利用人工智能技术进行数据挖掘和模式识别，可以帮助教师从海量数据中提取有价值的信息，发现新的研究问题和趋势。其次，智能化应用有助于推动科研范式的创新。随着技术的不断进步，智能化应用已经渗透到科研的各个环节，从问题提出、实验设计到数据分析，都为科研提供了新的思路和可能性。教师可以利用智能化应用来探索新的科研领域和方法，推动科研范式的更新和变革。此外，智能化应用还能够提升教师的专业素养和能力。一方面，教师通过学习和掌握智能化应用的相关知识和技能，可以更好地应对数字化时代的教育挑战，提升自己的教学和研究水平；另一方面，智能化应用还可以帮助教师更好地理解和应用新技术，推动教育教学的创新和发展。

数字化赋能教师专业发展的科研范式关注跨学科的研究方法。首先，跨学科研究方法有助于教师从多个角度审视教育问题。传统的教育研究往往局限于某一学科领域，难以全面深入地探讨教育现象的本质和规律。而跨学科研究则能够融合不同学科的理论和方法，从多个维度对教育问题进行剖析，从而得出更全面、更准确的结论。其次，跨学科研究方法有助于推动教育的创新。不同学科之间的交叉融合，往往能够产生新的思想、新的方法和新的技术，为教育领域的创新提供源源不断的动力。通过跨学科研究，教师可以探索新的教育模式、教学方法和教学资源，提升教育的质量和效果。此外，跨学科研究方法还有助于提升教师的专业素养和能力。跨学科研究需要教师具备跨学科的知识和技能，这促使教师不断学习和提升自己的能力水平，增强教师的创新意识和实践能力，使他们在面对复杂的教育问题时能够提出有效的解决方案。同时，跨学科研究方法和跨界学习相互促进，共同推动教师的专业成长和发展。跨学科研究方法的运用可以提升教师的科研素养和能力，使其在面对复杂问题时能够提出有效的解决方案。而跨界学习则有助于教师拓展自己的知识领域和思维方式，增强创新意识和实践能力。通过不断地进行跨学科研究和跨界学习，教师可以不断提升自己的专业素养和能力水平，更好地适应数字化时代的教育发展需求。

总之，数字化赋能教师专业发展的科研范式是一个以数据驱动、智能化应用，以及跨学科研究为核心的研究框架。这一范式将有助于推动教师专业发展的研究和实践进入一个新的阶段，为培养更多优秀教师提供有力支持。

二、数字化赋能教师专业发展的社交网络

数字化赋能教师专业发展的社交网络是数字化时代重要的教育创新领域，是利用现代数字技术和社交平台，构建起的一个旨在促进教师专业成长、资源共享、经验交流的网络化学习环境。这个社交网络以数字化技术为基础，将教师群体紧密联系在一起，通过在线交流、合作与学习，推动教师的专业发展，提高教育教学质量。数字化赋能教师专业发展的社交网络利用现代数字技术，打破传统

教师发展的时间和空间限制，构建了一个开放、共享、互动的教师专业成长平台。通过数字化技术，将教师、教育资源、教育理念和教学经验等要素进行高效连接和整合，形成一个有机的教师专业发展生态系统。

数字化赋能教师专业发展的社交网络主要涉及教育专业论坛与社区、社交媒体平台、在线学习平台、教育博客与网站和学术研究与协作网络五种类型。这些网络不仅为教师提供了资源共享、交流互动的平台，还促进了他们的专业发展。教育专业论坛与社区专注于教育领域的讨论与交流，教师可以在其中分享教学经验、探讨教学方法、解决教学难题。这些论坛和社区通常具有主题分类明确、用户活跃度高的特点，是教师获取教育资源和信息的重要途径。社交媒体平台如微博、微信等，为教师提供了一个更加广泛和便捷的交流空间。教师可以通过发布教育动态、分享教学资源、参与话题讨论等方式，与同行、家长、学生等进行实时互动，拓宽信息获取和传播的渠道。在线学习平台专注于教师的在线学习与发展，提供丰富的课程资源和学习工具。教师可以通过参加在线课程、参与学习项目、与专家进行互动等方式，不断提升自己的专业素养和教学能力。教育博客和网站是教师展示自己教学成果和思想的重要平台。教师可以通过撰写博客文章、发布教学案例、分享教育心得等方式，展示自己的教学风格和特色，吸引更多的关注和合作机会。学术研究与协作网络主要关注教育领域的学术研究和协作，为教师提供参与科研项目、发表学术成果、与同行进行深度交流的机会。这些网络通常具有高度的专业性和学术性，有助于推动教师的科研能力和学术水平提升。这些不同类型的社交网络相互补充、相互支持，共同构成了一个多元化的数字化赋能教师专业发展的社交网络体系。教师可以根据自己的需求和兴趣，选择适合自己的网络类型和平台，积极参与其中，实现个人和专业的共同成长。

数字化赋能教师专业发展的社交网络通过一系列机制，有效促进了教师的专业发展。数字化赋能教师专业发展的社交网络为教师提供了海量的教育资源和学习机会。社交网络上汇聚了来自全国各地的优秀教育资源，包括教学案例、课程设计、教学视频等，这些资源涵盖了各个学科和领域，为教师提供了丰富多样的学习内容。跨界学习强调跨越行业、领域、文化的边界，而数字化社交网络则为这种跨越提供了便捷的渠道。教师可以根据自己的教学需求和个人兴趣，在社交网络上轻松获取到这些资源，从而不断完善自己的教学方法和手段。数字化社交网络也为教师提供了大量跨界学习的机会。通过参加在线课程、研讨会、工作坊等活动，教师可以深入了解最新的教育理念和教学技术，学习其他领域的知识和技能，提升自己的专业素养和教学能力。同时，社交网络还为教师提供了与专家学者、教育同行进行交流互动的机会，鼓励教师从多个角度跨界学习、思考问题，激发自己的创新思维，寻找新的解决方案。这使得教师不仅能够不断拓展自己的视野，了解最新的教育动态和发展趋势，而且能够根据实际需要进行个性化定制，从而满足教师不同的学习需求。

数字化赋能教师专业发展的社交网络在促进教师之间的交流与协作方面也发挥了重要作用。社交网络为教师提供了一个开放、共享的交流平台。在这个平台上，教师可以发布自己的教学心得、经验分享、问题探讨等内容，与其他教师进行互动和交流。这种开放式的交流方式有助于教师之间建立联系，形成学习共同体，共同面对和解决教育教学中的挑战。社交网络通过多样化的交流形式，丰富了教师之间的协作方式。教师可以利用社交网络的即时通信功能，进行在线讨论和协作，共同解决教学中的问题，利用社交网络的共享功能，共同编辑和修改教学资源，提高教学效率和质量。教师可以通过社交网络的群组功能，组建专业团队或项目小组，进行深度合作和共同研究。例如，通过构建教师学习共同体，促进教师之间的集体智慧和团队协作。在这个共同体中，教师们可以共同解决问题、分享经验、互相学习，形成一个紧密的教师专业发展网络。这种集体智慧和团队协作的力量有助于推动整个教师群体的共同进步和发展。社交网络还促进了教师之间的知识共享和经验传递。通过分享优质教育资源、教学方法和教学经验，教师可以相互借鉴、学习和进步。这种知识共享不仅有助于提升教师的专业素养和教学能力，还有助于推动整个教育行业的创新和发展。社交网络也为教师提供了展示自我和建立个人品牌的平台。教师可以通过在社交网络上展示自己的教学成果、研究成果和教育理念，吸引更多关注和合作机会。这种个人品牌的建立有助于提升教师的社会影响力和认可度，进一步促进教师之间的交流与协作。社交网络不仅促进了教师之间的交流，还为跨界合作提供了可能。不同学科、不同背景的教师可以在这个平台上共同探讨问题，分享经验，甚至合作开展研究项目。这种互动与合作有助于打破传统学科壁垒，推动知识的交叉融合。由此可见，这种社交网络不仅打破了地域限制，使得教师能够跨越地域界限进行实时互动，还提供了多种交流形式，使教师之间的合作更加紧密和高效。

三、数字化赋能教师专业发展的国际视野

数字化赋能教师专业发展的国际视野，是一个综合性的概念，涉及数字化技术、教师专业成长以及全球视角等多个方面。数字化赋能是教师专业发展国际视野的逻辑内涵基础。它指的是利用数字化技术和资源，提升和优化教师的专业能力，包括利用信息技术、大数据、人工智能等现代科技手段，帮助教师改进教学方法、提升教学效果，以及促进教师的专业成长和发展。教师专业发展是数字化赋能的核心目标。教师专业发展是一个持续不断的过程，它涵盖了教师在专业思想、专业知识、专业能力等多个方面的提升和完善。数字化赋能通过提供丰富的教学资源和先进的教学工具，有助于教师不断更新教育观念，拓宽知识视野，提高教育教学能力。国际视野是数字化赋能教师专业发展的重要维度。在全球化日益加剧的今天，教育也需要具备国际化的视野和跨文化的交流能力。数字化赋能使得教师能够更方便地获取全球范围内的教育信息和资源，了解不同国家的教育理念和实践，拓展国际视野，使教师能够站在全球的高度审视教育问题，借鉴国际先进经验，推动教育的创新与发展。因此，数字化赋能教师专业发展国际视野的逻辑内涵是一个有机整体，它强调了数字化技术在教师专业成长中的重要作用，以及国际视野对于提升教育质量的重要性，可以理解为在全球化背景下，利用数字化技术和资源，架构国际化教育数字空间，促进教师在专业思想、知识和能力等方面的全面发展，同时培养教师具备全球性的教育视野和跨文化的理解能力，以适应日益多元化的国际教育环境和需求。

数字技术赋能教师专业发展的国际视野具有重要的理论价值，它推动了教育国际化的理论创新，为教师专业发展提供了全新的理论框架。数字技术使得全球教育资源得以共享，促进了教育理念的国际化传播，改变了传统的教育国际化形式如国际交流、合作办学等。数字技术融入教师专业发展为教育国际化提供了新的视角和路径，教师的专业发展不再局限于传统的课堂教学和学术研究，而是更加注重信息化教学能力的提升、国际视野的拓展以及跨学科知识的整合。数字技术为教师提供了更加广阔的学习和交流平台，有助于教师在全球范围内获取最新的教育理念和教学方法，进而推动教师专业发展的理论创新。数字技术促进了教

育公平与均衡发展的理论探讨。通过数字技术，优质教育资源得以更加广泛地传播和共享，使得偏远地区和欠发达地区的教师也能享受到高质量的教育资源和学习机会。这有助于缩小教育差距，促进教育公平，进一步丰富和完善教育均衡发展的理论内涵。这些理论价值为我们在实践中更好地应用数字技术赋能教师专业发展国际化提供了有力的理论支撑和指导。

数字技术赋能教师专业发展国际化的实践价值主要在于为教师提供了丰富的学习资源和学习平台、提升了教师的专业素养和创新能力、促进了教师之间的国际合作与交流。数字技术开发了丰富的学习资源和互动式的学习平台，打破了主要依赖于纸质书籍和面对面培训的传统教师学习资源这一限制，为教师专业发展提供了在线课程、网络研讨会、数字图书馆等多种途径的全球范围内的学习资源，以及与来自不同国家和地区的实时交流、合作和分享的学习平台，从而丰富教师的教育理念和教学方法。数字技术有助于提升教师的专业素养和创新能力，通过数字技术的应用，教师可以接触到最新的全球教育理念、教学模式和教学技术，不断更新自己的知识结构和教学技能，利用数字技术开展跨学科的教学研究、设计创新性的教学项目和课程，提升自己的创新能力和教学水平，拓展更广阔的创新空间。数字技术促进了教师之间的国际合作与交流，为教师提供了便捷的跨国合作与交流平台，教师可以通过在线协作工具、视频会议等方式与国外的同行进行合作研究、共享教学经验、开展联合教学项目等，从而共同推动全球教育的发展。

灵活多样的国际化教育项目有助于拓展数字化赋能教师专业发展的国际视野。"国际在线课程合作项目"涵盖各个学科领域，吸引来自不同国家的教师参与。通过在线学习平台，教师可以获得来自全球的优质教育资源，观摩和选用来自世界各地的优质课程，获得国际化的教学体验，拓宽学术视野。同时，国际在线课程合作项目也促进了不同国家教师之间的文化交流与互动，增进了相互理解和友谊。"国际学术交流与研讨会"利用数字技术，组织线上或线上线下相结合的国际学术交流与研讨，为教师和学者提供了一个展示研究成果、交流学术观点的平台。这种形式的会议打破了地域限制，使得全球范围内的学者和专家能够就共同关心的学术问题进行深入讨论和交流。这种形式的会议不仅节省了时间和成本，还提高了参与者的交流效率。会议期间，参与者可以分享最新的研究成果，获取前沿的学术信息，从而推动学术领域的进步与发展。"跨国界的教师合作项目"为不同国家的教师通过在线协作平台，共同完成跨国界的科研项目或创新项目提供了跨国界合作的机会。这种合作不仅能够培养教师的国际视野和跨文化交流能力，还能够促进不同国家之间的文化交流与合作。"数字化国际文化交流活动"通过线上文化展览、虚拟文化节等展示不同国家的文化特色，增进教师对不同文化的了解和尊重，促进国际文化交流与融合。

综上所述，数字化赋能教师专业发展的国际视野是一个重要趋势，有助于教师适应全球化和信息化的教育环境，提升教师的专业素养和能力，培养更多具备国际视野和竞争力的学生。

第四节　教师专业发展的数字化教学案例五——"免疫学基础"社会实践教育教学模式

数字化时代大学生学科竞赛是高等教育领域与数字化技术相结合的一种重要形式，旨在培养具有创新精神和实践能力的高素质人才，推动学科发展和社会进步，利用数字化技术和平台，针对某一学科或领域的知识与技能，组织大学生进行的一种学术性竞赛活动。数字化时代大学生学科竞赛的内容主要涵盖了学科理论知识的应用、实践技能的展示以及创新思维的体现。在竞赛中，学生们需要运用所学的专业知识，结合实际问题，提出创新的解决方案，并通过实际操作或模拟展示来验证其可行性。

数字化时代大学生学科竞赛作为一种重要的学术活动，具有显著的时代价值。数字化时代的学科竞赛更加注重对学生创新能力的考查和培养。在竞赛中，学生们需要运用所学知识解决实际问题，这不仅锻炼了他们的实践能力，还激发了他们的创新思维。通过参与竞赛，学生们能够接触到最前沿的科技知识，拓展自己的学术视野，提高自己的综合素质。学科竞赛是推动学科发展的重要动力。通过竞赛，学生们可以深入研究学科领域的各种问题，提出新的观点和解决方案，从而推动学科知识的更新和进步。同时，竞赛还能够促进不同学科之间的交叉融合，产生新的学科增长点。数字化时代的学科竞赛为广大学生提供了一个展示自己研究成果的平台，同时也为他们提供了一个与其他优秀学者交流学习的机会。通过竞赛，学生们可以结识来自不同高校、不同专业的同行，共同探讨学术问题，分享研究经验，提升自己的学术水平。

数字化时代大学生学科竞赛具有三个方面的显著特点。一是数字化技术的应用。数字化技术为学科竞赛提供了更加便捷、高效的参与方式。学生们可以通过在线平台提交作品、参与讨论、观看直播等，极大地降低了参与门槛，提高了竞赛的普及率。同时，数字化技术还为竞赛组织者提供了更加精准的数据分析和反馈机制，有助于优化竞赛流程和提高竞赛质量。二是数字化时代的学科竞赛更加注重实践性和创新性。竞赛题目往往紧密结合实际问题，要求学生运用所学知识进行实际操作和创新设计。这种实践导向的竞赛模式有助于培养学生的动手能力和创新精神，使他们更好地适应数字化时代的发展需求。三是跨学科与团队协作。随着数字化时代的到来，跨学科合作和团队协作成为学科竞赛的重要特点。许多竞赛项目需要不同专业的学生共同合作，共同解决复杂的问题。这种跨学科的竞赛模式有助于培养学生的团队协作能力和综合素质，提高他们解决复杂问题的能力。

数字化时代大学生学科竞赛对指导教师的要求是严格和多样化的，包括深厚的专业知识背景、熟练掌握数字化工具和技术、创新能力和创新思维以及良好的团队协作和沟通能力等。首先，深厚的专业知识背景是指导教师必备的基本素质。教师需要对所指导的学科领域有深入的了解，包括最新的研究动态、前沿的技术和理论等，这样才能在竞赛中为学生提供专业的指导和建议，帮助学生解决遇到的问题。其次，熟练掌握数字化工具和技术也是数字化时代对指导教师的新要求。教师需要能够利用数字化工具进行数据的收集、处理和分析，利用数字化平台进行信息的发布和交流，以及利用虚拟仿真技术进行实验设计和模拟等。这样不仅可以提高指导效率，还可以为学生提供更多元化的学习资源和实践机会。此外，创新能力和创新思维也是指导教师不可或缺的品质。在竞赛中，学生往往需要提出新颖的观点或解决方案，这需要指导教师的引导和启发。指导教师需要具备创新思维，能够鼓励学生大胆尝试，勇于创新，同时自己也要不断探索新的教学方法和指导策略。最后，良好的团队协作和沟通能力也是指导教师必须具备的能力。在竞赛中，指导教师不仅需要与学生进行紧密的沟通和合作，还需要与其他指导教师、评审专家等进行有效的交流和协作。因此，他们需要具备良好的团队协作精神和沟通能力，以确保竞赛的顺利进行和取得好的成绩。只有具备这些素质的指导教师，才能更好地指导学生在竞赛中取得优异的成绩，并推动学科竞赛的健康发展。

本节将以"益生康——健康从'肠'计议"案例，阐述在本次社会实践活动中，数字化赋能"免疫学基础"社会实践教育教学模式所取得的成效。通过本次"互联网+"创新创业大赛，学生不仅加深了对免疫学基础知识的理解，还提高了实验技能和观察能力。同时，数字化工具的应用也使得教学过程更加生动、有趣和高效。此外，分组合作与导师指导的方式也培养了学生的团队协作精神和解决问题的能力。本次"免疫学基础"社会实践教育教学案例为其他课程的教学提供了有益的启示。首先，要注重理论与实践的结合，通过实践活动巩固和拓展学生的理论知识。其次，要充分利用数字化工具辅助教学，提高教学效果和学生的学习体验。最后，要注重培养学生的实践能力和创新思维，以适应数字化时代的发展需求。总之，"免疫学基础"社会实践教育教学案例的成功实施为高校实践教学改革提供了有益的参考和借鉴。通过不断优化和完善实践教学活动，可以进一步提高学生的综合素质和创新能力，为培养高素质生物技术人才作出贡献。

一、创业团队基本情况

表 1   **教 师 团 队**

教师姓名	教 师 简 介
周翔	核心顾问 　　湖北省楚天学子，武汉科技大学生命科学与健康学院副教授。中国微循环学会转化医学专业委员会委员、湖北省微循环学会理事。 　　研究方向包括天然免疫和肿瘤免疫相关的信号转导机制研究、肠道微生态调节代谢疾病的免疫学相关机制研究等，发表多篇高水平 SCI 论文，著作《天然免疫抗病毒蛋白 MAVS 的调节》在科学出版社出版。申请授权中国发明专利 4 项，主持一项国家自然科学基金及多项省级科研及教研项目。

续表

教师姓名	教师简介
邓旭东	管理顾问 三级教授，硕士生导师，武汉科技大学管理学院院长。湖北"十佳师德标兵"，湖北五一劳动奖章获得者，湖北省物流采购供应链行业改革开放 40 年代表性人物，省级品牌专业、省级一流专业和省级教学团队负责人，入选全国万名优秀创新创业导师人才库。兼任中国物流学会常务理事、中国仿真学会智能仿真优化与调度专委会常务委员、中国运筹学会排序分会理事、湖北省物流协会副会长、湖北省运筹学学会副理事长、湖北省现场统计研究会副理事长。主要研究方向为管理优化与决策、服务系统工程与运作管理、战略与决策管理、物流与供应链管理、项目管理、物业管理。出版专著 2 本，获武汉市社会科学优秀成果三等奖 1 项，发表学术论文 80 余篇，主持和参与了 20 余项国家级省部级纵向与 10 余项横向科研项目的研究工作。主持 3 项省级教学研究项目，获省级教学成果一等奖 1 项、二等奖 1 项、三等奖 1 项，主编出版教材 4 部，其中 1 部获批普通高等教育"十一五"国家级规划教材，并获冶金优秀教材二等奖。
童泽平	融资顾问 副教授，硕士生导师，武汉科技大学管理学院副院长。技术经济学会复杂科学管理分会会员、湖北省现场统计研究会会员、湖北省运筹学学会会员、湖北省创业研究会会员。主要研究方向为管理优化与决策、互联网金融、创业管理、物流与供应链管理。发表多篇学术论文，主持国家社科基金项目 1 项，省社科基金项目 1 项，参与国家及省部级纵向课题近 10 项。主持学校教研教改重点项目 1 项，参与省级教学研究项目 3 项，参与湖北省荆楚卓越育经管人才协同育人计划（工商管理专业）建设，获得省级教学成果奖一等奖 1 项，二等奖 1 项，三等奖 1 项。
刘丽霞	市场顾问 讲师，武汉科技大学教书育人先进个人。主要研究方向为税制改革、纳税筹划、纳税风险、税务会计。发表学术论文 2 篇，参与了省级纵向课题 1 项，主持和参与横向科研项目的研究工作 2 项。主持完成 2 项校级教研项目。主编出版教材 2 部。

表 2   学生创业团队

成员姓名	成 员 简 介
申博源	总经理 武汉科技大学生命科学与健康学院 2020 级在读本科生，生物技术专业。曾参与并获得第七届中国国际"互联网+"大学生创新创业大赛湖北省铜奖，曾多次主持项目参加"互联网+""挑战杯"及其他大型比赛并获得不错的成绩，获武汉科技大学电子商务"创新、创意及创业"挑战赛二等奖(主要负责人)，多次在多种校级比赛中获得一等二等奖，拥有大量负责主持项目经验。长时间承担学生工作，现任武科大图书馆青年志愿者协会青鸟朗读队队长，完成建队与维持团队运营的任务，另任武汉科技大学沁湖之声广播电视台部委员及校院招生联络人，院级曾任学生会干事，班级曾任班长等职务，拥有大量团队合作、团队牵头、领导管理经验，并多次作为省级、校级、院级演出、比赛、活动主持人以及项目主讲人，拥有丰富的舞台经验。谦逊认真，尊重他人，拥有较高的道德水平，学习能力较强，管理组织与领导能力强，有较强的集体荣誉感和团队合作精神。
周凯婷	研发总监 武汉科技大学医学院 2020 级在读本科生，临床医学(荆楚卓越)专业。曾参加并作为队长获第八届全国大学生基础医学创新研究暨实验设计论坛校级优秀奖，具有较强文献查阅提炼能力，具有科研精神和追求真理的热情，自主学习和思考能力较强。曾作为负责人参加第七届"互联网+"大学生创新创业大赛，具有该赛事经验，校级曾任武汉科技大学青年志愿者服务总队干事，班级担任文艺委员等职务，有较多团队合作、沟通经验，并多次作为答辩人参与各个赛事成果汇报及答辩，具有较好口头表达能力，有较强的团队协作和组织能力。
张马奔	生产总监 武汉科技大学管理学院 2020 级在读本科生，会计专业。获第十二届正大杯全国大学生市场调查与分析大赛国家三等奖，第七届中国大学生工程实践与创新能力大赛省级二等奖，第九届企业模拟竞争大赛省级三等级，第十三届"挑战杯"校级三等奖，第十二届全国大学生电子商务"创新、创意及创业"挑战赛校级二等奖，第四届"学创杯"全国大学生创业综合模拟大赛校级二等奖等，有大量团队合作的经验，谦虚严谨，沟通能力出众，专业功底扎实。现任武科大图协财务会长兼秘书部长，恒大管理学院学科竞赛负责人，管理能力和组织能力强。

续表

成员姓名	成 员 简 介
张暮婧	销售总监 武汉科技大学管理学院 2020 级在读本科生，工商管理专业，获 2021 年"精英杯"企业经营分析与决策技能大赛国家二等奖，2021 年全国高校商业精英挑战赛"云泽杯"营销模拟决策竞赛全国总决赛三等奖，"贺岁杯"企业经营分析与决策大赛三等奖，企业竞争模拟大赛省级二等奖，第十一届电子商务"创新、创意及创业"挑战赛校一等奖，第七届互联网+大学生创新创业大赛校级银奖等。现任校学生会任宣传部负责人，恒大管理学院年级宣传负责人。多次带队参加创新创业类比赛并负责市场分析及营销板块，熟悉市场分析，营销策划等内容，敏锐度较高，行动力较强。
马莉娅	财务总监 武汉科技大学管理学院 2019 级在读本科生，工商管理专业。曾获 2020 年 12 月第八届湖北省企业竞争模拟大赛三等奖，2021 年 4 月正大杯第十一届全国大学生市场调查与分析大赛省级三等奖，2021 年 5 月企业竞争模拟大赛（企业运营与企业决策）国家级三等奖，2020—2021 年度优秀学习干部，2021 年武汉科技大学第十三届"挑战杯"三等奖等，有大量比赛经验，以及校级院级组织、班级管理等学生工作经历，学习能力、组织管理能力和适应能力较强，专业素质良好，有较强的集体荣誉感和团队合作精神。
刘丹	会计总监 武汉科技大学管理学院 2020 级在读本科生，会计专业。获"优秀青年志愿者""优秀学生干部""优秀共青团员""学雷锋标兵"称号；校二等奖学金、国家励志奖学金；2021 年"互联网+"大学生创新创业大赛省铜奖 1 项、校铜奖 1 项；第十一届电子商务"创新、创意及创意"挑战赛校二等奖；第十二届电子商务"创新、创意及创意"挑战赛校三等奖；第七届全国大学生工程训练综合能力竞赛校三等奖；2021 年全国高校商业精英挑战赛"云泽杯"营销模拟决策竞赛国家级三等奖。大一学年任班级宣传委员、年级助管、武汉科技大学青年志愿者服务总队秘书部干事；大二学年任班级组织委员、武汉科技大学青年志愿者服务总队秘书部部长；青马工程第七期"英才领航班"学员。

续表

成员姓名	成员简介
王凯丽	采购总监 　　武汉科技大学管理学院 2020 级在读本科生，财务管理专业。获第十二届正大杯全国大学生市场调查与分析大赛省级三等奖、第十一届电子商务"创新、创意及创意"挑战赛校二等奖、第十二届电子商务"创新、创意及创意"挑战赛校三等奖；在一些院级比赛中也取得了不错的成绩，拥有丰富的比赛经验。获得过校级奖学金、"优秀学生"的称号。担任过党务负责人、青年志愿者服务队干事等职务，拥有较强的管理能力。
朱蓉	人事总监 　　武汉科技大学外国语学院 2020 级在读本科生，翻译专业。曾参与 2021 年大学生创新创业大赛并担任主负责人，所带领的创新训练项目获得省级推荐，目前正在进行结项工作。曾参与 2021 年互联网+大赛和大学生创新创业大赛，虽然未获得较好的名次，但本人好学上进，乐观谦逊，在失败中收获成长。曾参与第四届公益项目大赛并获得校级优秀奖。积极参与学校组织的各类比赛并取得较好的名次多次获得一、二等奖，兴趣广泛，发展全面。曾担任班级副团支书并获"校优秀共青团员"称号，多次参与校级志愿活动负责人并活动负责人，现担任武汉科技大学图书馆青年志愿者服务队队长，并带领团队获得"校优秀服务队""校雷锋社团"等荣誉，拥有优秀的组织策划、合作交流能力，擅长各类文案策划、材料汇编。
张前勇	行政总监 　　武汉科技大学文法与经济学院 2020 级在读本科生，行政管理专业。第一届"许白昊班"学员，参与 2021 年武汉科技大学大学生志愿者暑期"三下乡""返家乡"社会实践活动中获"先进个人"称号，"圆梦工程"优秀志愿者，曾获 2021 年"互联网+"校级三等奖、第十三届挑战杯大学生课外学术科技作品竞赛红色专项活动校级优秀奖、第十一届电子商务"创新、创意及创意"挑战赛校三等奖、武汉科技大学第十二届"PPT 设计大赛"校一等奖、第十二届电子商务"创新、创意及创意"挑战赛校二等奖，挑战杯大学生创业计划竞赛目前入围校决赛，答辩皆已完成。有大量的比赛经验，专业基础扎实，组织管理能力和适应能力强，兴趣广泛，有较强的组织精神和责任担当。

成员姓名	成 员 简 介
刘瑛琦	创意总监 　　武汉科技大学艺术与设计学院公共艺术 2020 届在读，现就任于北京弋阳画院插画师一职，有数次出版商业绘本经验。业余策展人，曾参与策划 2021 武汉蝶变艺术展，所参与绘制海报及管理的 2021 年武汉科技大学涂鸦大赛并被湖北日报报道。擅长绘画及平面工作，所创作作品曾获第十三届"挑战杯"国家级优秀奖、校级一等奖；第十二届电子商务"创新、创意及创业"大赛省级三等奖，院级特等奖；文化衫设计院级优秀奖，第二届 design 设计大赛获院级二等奖，第一届"心漫画"设计大赛院级三等奖，2022"艺起来"设计大赛投稿作品获院级优秀奖。基本掌握 PS、AI、Procreate 等平面设计软件，多次参加比赛，美工实践经验丰富。

　　公司概况：武汉益福瑞利医疗科技有限公司以通过调节肠道解决健康问题的理念为核心，开发出一系列产品，目前开发的主要产品是益生元为主要成分的"益生康"，有两种产品形式，一款针对 2 型糖尿病患者，一款针对有意愿减肥的人群。这两款产品是基于"一种高效降低血糖、血脂、降体重的益生元组合"的发明专利(中国专利授权号：ZL202010851602.3)。

二、创业项目的设计及执行方案

(一)项目背景

　　据研究，95%的疾病都和肠道菌群有关系，肠道菌群的紊乱失衡可能会引发宿主多种功能丧失而导致各种病症，其中就包括肥胖症，而 2 型糖尿病的主要体现也是肥胖，该思路为通过肠道菌群来治疗 2 型糖尿病提供了一种可能。同时，经过简单调研发现，市面上目前没有可以同时做到稳定血糖水平和血脂水平，且不存在负面影响的产品。在简单了解 2 型糖尿病人现存的困扰(图 5-1)和相关领域的科研成果之后，武汉科技大学生命科学与健康学院副教授周翔作为从事研究肠道微生态的学者，决定与一众相关领域的研究人员于该领域进行进一步的研究，并最终成功发明了一种高效降低 2 型糖尿病患者血糖、血脂和体重的益生元组合(图 5-1)。

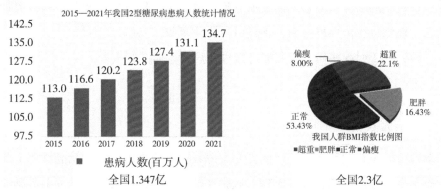

图 5-1 项目背景：我国持续增长的 2 型糖尿病市场

笔者指导的本科生申博源认识到了该项创新发明的研究团队的能够真正对 2 型糖尿病人提供到帮助的初心，决定将专利创新与创业实践结合起来，为这项发明创造一个真正可以发挥价值的平台，以既能够让这项技术真正落地，帮助广大患者，同时又推动了大学生创新创业实践，实现产学研结合，加快科研成果向现实生产力转化的需要。在此背景下，武汉益福瑞利医疗科技有限公司的第一批成员相应召集，开启创业大赛的合作。

(二)产品介绍

1. 产品简介

【商品名】益生康。

【成分名】一种高效降低 2 型糖尿病患者血糖、血脂和体重的益生元组合：乳果糖、L-阿拉伯糖、植物乳杆菌。

【英文名】

Prebiotic combination：lactulose，L-arabinose and Lactobacillus plantarum.

171

【概述】益生元(prebiotics)是一种不能被人体分解、吸收和利用的有机物质，他能够影响宿主肠道菌群的种类和丰度，目前尚无副作用可作为功能型食品辅助治疗2型糖尿病、肥胖症，具有广泛的市场前景，能够填补目前市场上辅助降糖、降血脂和降重的功能型食品的空白。

【作用机理】本产品作用机理分为直接和间接两个途径，发挥降血糖、降血脂和肠道定植的功能、能够预防心血管疾病的发生、具有免疫调节作用，可抑制致病菌、能维持肠内菌群平衡，促进营养物质吸收。

【适应征】2型糖尿病、肥胖症等多种疾病；意向减肥人群。

【剂型】粉剂。

【剂量】口服。

2. 产品优势

肠道微生态在调节2型糖尿病方面发挥着重要的作用，益生元能够调节肠道微生态平衡，进而影响患者的血糖、血脂水平。同时也在调节人体重上起到关键作用，益生元能够减少蔗糖的吸收起到控糖摄入的作用的同时还能促进排便减少宿便在体内被消化吸收的时间，从而减少过多的糖分摄入，使脂肪缺少合成原料进而减少脂肪的形成。益生康产品具有以下优势：

(1)有效降低2型糖尿病患者的血糖、血脂水平；

(2)有效降低肥胖患者的体重；

(3)克服了以膳食纤维为主要成分的现有药物的不良副作用；

(4)帮助患者回归正常饮食；

(5)益生元成分健康，保证机体维持正常的代谢和免疫机能，改善临床治疗果；

(6)植物乳杆菌可以长期稳定地发挥作用，药效持久；

(7)费用较低。

(三)行业与市场分析

受社会、经济、人口、环境和遗传等因素共同作用，全球糖尿病患病人数众多，市场空间极为广阔。糖尿病发病率在全世界范围逐年上升，我国市场在全球拥有最大的糖尿病患者池，糖尿病市场规模也较大。糖尿病的发病机制方面，主要涉及了复杂的遗传、外部环境膳食以及肠道菌群失调等因素，其中肠道菌群越来越受到全球研究者的关注，成为研究糖尿病的一个热点机制。探讨肠道菌群与糖尿病的关系，目前已成为治疗、预防糖尿病的突破口。

目前针对 2 型糖尿病和肥胖的治疗存在诸多痛点，患者需要持续依赖药物或其他干预，有可能对身体产生不良影响。

(四)项目历程

项目在一年的培育期后进入商业模式期(产品生产包装，图 5-2)和市场推广期。

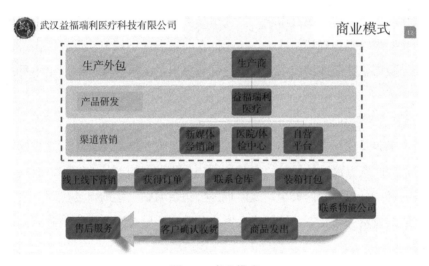

图 5-2　商业模式

(五)机遇、风险与社会价值

1. 机遇

近年来，中央不断出台糖尿病防治的相关政策，对公卫系统提出糖尿病管理目标和整体规划，如《慢性非传染性疾病综合防控示范区工作指导方案》和《中国防治慢性病中长期规划(2017—2025 年)的通知》等；也颁布了一些支付政策，完善糖尿病门诊医保报销制度，如《国家医保局财政部国家卫生健康委国家药监局关于完善城乡居民高血压糖尿病门诊用药保障机制的指导意见》等。体现了我国现如今对糖尿病治疗上的高度重视。

《国务院关于促进健康服务业发展的若干意见》中明确指出：深化医改、改善民生、提升全民健康素质，大力开展健康咨询和疾病预防，促进以治疗为主转向预防为主。而肥胖作为百病之源，及时遏止肥胖病及其并发症的发展趋势，也成了国家推进"健康中国"的征程中，极为重要的一环。国民对于健康和肥胖的关注度也日益提升。良好的政策环境为公司带来了广阔的市场前景，是必须把握的机遇。

2. 风险

（1）市场风险

现存市场对公司产品有需求，但在市场需求量、市场竞争程度、市场扩展速度方面我们难以得到确切的数字。功能性食品市场尚不规范，没有太多可以参考的市场经验借鉴，因此即使本公司产品优势突出、需求较大，我们也不可忽视市场风险。

（2）资金来源风险

资金来源是公司在发展初期会面临的问题，主要体现在公司成立初期融资困难和经营期间资金流动性风险。尤其是在公司研发新的产品的时候，前期需要投入大量的资金，短时间内资金回笼困难，公司会面临一定的财务风险。我们需要找到合适的投资人防止资金短缺或者资金链断裂。资金来源风险是我们应该考虑的风险。

（3）技术风险

目前，公司申请了"一种高效降低 2 型糖尿病患者血糖、血脂和体重的益生元组合"的专利，这项技术在市场上处于领先地位，该产品对技术的成熟度有很大的依赖性，属于高技术、高利润的项目。肠道菌群治疗糖尿病、减重在日益推广进步，我们公司所面临的竞争也将会日趋激烈，在未来面临的技术竞争压力会变大，使公司会面临一定的技术风险。由于市场需要不断创新，围绕通过肠道调节来影响人体健康的核心理念，在未来开发出更多的产品，满足群众更加多元化的需求。因此对公司的技术研发能力要求较高，需要有理论水平高、实践经验丰富的研发队伍。技术队伍的稳定与持续研发能力至关重要，投资者需要有人才意识和相关风险意识。

3. 社会价值

项目产品一经上市，将使大量 2 型糖尿病患者获益，同时也能让公司从前期融资投入阶段进入收益阶段，获得良性运作；本产品的应用响应了国家大健康发展的战略目标，推动行业发展，改善民生水平，创造就业机会，从多层面产生广泛的社会价值(图 5-3)。

图 5-3　项目的社会价值

三、项目参赛情况

(一)校赛

项目负责人申博源全程组织了项目组团队的各项任务，高效、优质地完成了项目计划书的制作、项目参赛 PPT 及参赛视频的制作并代表团队参加了武汉科技大学的校级"互联网+"竞赛，荣获校赛金奖。

(二)省赛

校赛取得优异成绩后，推荐参加"建行杯"第八届中国国际"互联网+"大学生创新创业大赛湖北省复赛，荣获高教主赛道铜奖。

四、项目指导反思

(一)项目设计

为践行习近平新时代中国特色社会主义思想，弘扬社会主义核心价值观，为党育人、为国育才，以生命大健康问题为导向，厚植家国情怀，突出职业道德，为党和国家培养信得过、靠得住、用得上的高素质专业人才。深入挖掘一种合生元产品治疗 2 型糖尿病的市场价值，将其与创业项目有机融合，重构了"学生端—教师端—企业端"三管齐下的"互联网+"大学生创新创业项目体系(图 5-4)。

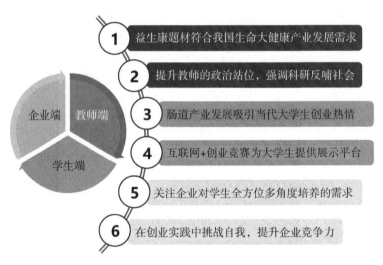

图 5-4　"互联网+"大学生创业项目体系设计

1. 学生端——吸引创业热情、提供展示平台

益生康项目关注当代社会健康需求和大学生兴趣爱好及职业发展，解决了困扰大批国人的 2 型糖尿病治疗问题，引导学生关注我国生命大健康这个国家战略焦点问题。通过成立初创公司，运作一种高效降低患者血糖、血脂和体重的合生元产品，引导学生关注我国民生与健康，潜移默化地增加民族自豪感和爱国情怀；通过分析商业背景及财务报表，增加学生创业的责任感与使命感，引导学生

坚持"诚信为本、操守为正、坚持准则、不做假账"的会计职业道德，使"互联网+"大学生创业竞赛做好做优。

2. 教师端——提升政治站位，科研反哺社会

突出政治引领，加强教师的政治理论学习，参加国家行政学院、财政部、审计署等部门的政治理论学习和专业学习，将专业学习与政治学习相结合，并将学习成果贯彻到教师的思想认识和教学实践中，促进教师自我成长。同时，发挥教师在创业团队中的引领作用，将科研成果转化为创业实践。教师申请的合生元专利形成上市产品的过程中，教师结合科研成果，引导学生关注我国生命大健康产业需求，培养科研报国、勇于担当的情怀，反哺社会，造福民生。

3. 企业端——关注培养需求，提升市场竞争力

武汉益福瑞利医疗科技有限公司与武汉科技大学签署了战略合作协议，关注益生康产品对学生思想政治素养和业务能力方面的需求，将其渗透在产品包装上市的各个环节。通过科研转化，商业包装和运营管理，将生命健康产业与管理学、会计学、艺术设计学的本科生有机组合；充分利用在校专业技术导师的教育科研背景和丰富实践经验，深度参与学生培养环节，关注培养需求，提升市场竞争力，共同促进新时代、新机遇下生物大健康产业复合型创新人才建设，延展课程教学范围，使高校教学与企业需求有效对接。

(二)项目实践

1. 科研成果与企业发展的有机融合

武汉益福瑞利医疗科技有限公司是一家致力于打造以"肠道菌群+益生元"为核心的多配比系列化产品的核心技术应用公司。公司盈利模式主要通过销售多种配比的益生元系列产品来获得利润(图5-5)。

在新形势下，公司抓住功能性食品领域的发展机遇，以健康从"肠"计议的理念为指导，计划开发出一系列不同功效的功能性产品，致力于通过肠道调理来解决群众健康问题，满足大众的健康需求。团队现阶段主要研发的"益生康"系列产品，能够有效调节人体的肠道微生态平衡，达到辅助2型糖尿病人降糖降脂控制体重，使肥胖者健康降低体重，保持健康的目的。另外，公司在推广产品的

同时也将把"益生元"该新概念带入大众视野，倡导大众健康饮食，健康减重，并吸引更多人投入肠道菌群领域的研究浪潮，产生更多的创新性成果，为国家、社会带来更多的价值贡献。将科研成果与企业发展有机融合的过程中，引导学生关注科技强国的发展战略，增强制度自信，同时关注商业、运营相关的信息，倡导良性竞争，坚守职业道德。

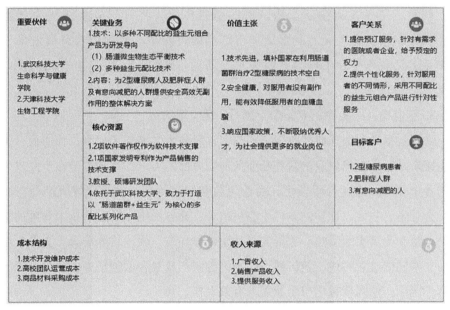

图 5-5 公司商业模式

2. "互联网+"创业大赛的总结与提升

从团队创立到省级竞赛成果产出的接近一年时间内，本科生申博源主持的创业团队成员在指导教师团队的悉心指导和密切合作下，先后获得了校级竞赛金奖和省级竞赛铜奖的优异成绩。很遗憾我们没有在省级竞赛中更进一步，闯入国家级竞赛，但参赛所获取的成就已经远超预期。

在《益生康——健康从"肠"计议》的项目计划书撰写过程中，团队成员分工合作，从零开始完成了：执行总结、产品介绍、行业与市场分析、战略规划、市场营销、投资分析、财务分析、企业组织管理和机遇与风险这九大部分的规划和协作；制作了精美的PPT展示成果，并创作了视频讲解益生康产品的来源、功效和推广方案。项目未能走得更远，一方面源于该产品的临床试验未能跟上，另一方面源于对保健品市场的规则尚未吃透。假以时日，有望在"互联网+"项目中百尺竿头，更进一步。实现学校—学生—企业三位一体，创业起飞。